北平研究院

資料匯編

北平廟宇調查

【內一區卷】

中國文化遺產研究院 編

文物出版社

責任編輯：智　樸　王紫微　李　颺

責任印製：陳　杰

圖書在版編目（ＣＩＰ）數據

　　北平研究院北平廟宇調查資料匯編．內一區卷 ／ 中
國文化遺産研究院編． —— 北京 ：文物出版社，2015.6
　　ISBN 978–7–5010–4316–3

　　Ⅰ．①北… Ⅱ．①中… Ⅲ．①寺廟－史料－北京市
Ⅳ．①K928.75

　　中國版本圖書館CIP數據核字(2015)第127363號

北平研究院北平廟宇調查資料匯編（內一區卷）

編　　者　中國文化遺産研究院

出版發行	文物出版社
社址	北京市東直門內北小街2號樓
網址	http://www.wenwu.com
郵箱	web@wenwu.com
製版印刷	北京圖文天地製版印刷有限公司
經　銷	新華書店
開　本	889×1194　1/16
印　張	21.75
版　次	2015年6月第1版
印　次	2015年6月第1次印刷
書　號	ISBN 978 - 7 - 5010 - 4316 - 3
定　價	210.00圓

《北平研究院北平廟宇調查資料匯編》
整理出版項目工作組

顧　　問　謝辰生

主　　編　劉曙光

副 主 編　王小梅

參加人員　侯石柱　劉志雄　嵇滬民　赫俊紅

　　　　　理　炎　韓麗茹　劉季人　步曉紅

　　　　　楊樹森　黃田帛　楊　琳　李　戈

　　　　　鄭一萍　王寶蘭　江　原　馬　赫

　　　　　張楚梅　劉瑛楠　羅婷婷

序　言

　　中國文化遺產研究院收藏的民國時期北平研究院北平廟宇調查資料，是20世紀30年代北平研究院史學研究會為編纂《北平志》而開展的北京城區及近郊廟宇調查所留存下來的寶貴資料。

　　廟宇調查這件事做得非常干净利索，在當時和後來都是備受好評的。在當時的條件下，北平研究院史學研究會僅用了兩年多的時間就完成了對北京九百多處廟宇的調查，其中包括照相、測繪圖紙、摹拓碑碣、文字記録等繁複的現場工作，為後人留下翔實的第一手材料，包括三千多張照片、近五百張平面圖、八百多份調查記録手稿、一千五百多套拓片、六百多份拓片録文。其計劃之周密、工作效率之高、工作態度之嚴謹、調查内容之豐富，令人歎服。而更值得學習和借鑒的是，當年調查工作的組織策劃者并不拘泥于傳統史學和金石學，而是將照相、測繪和社會調查等新方法與技術手段應用于治史、修志等傳統學術領域，使得這次以修志為目的的廟宇調查，實際成為了一次領時代風氣之先的文物專項調查工作。由于人的敬業，加之目的明確、手段先進，所以獲得的調查資料較為真實、全面地反映了當時北京城廟宇的保存狀況，實為難得。

　　但是編纂出版《北平志》就頗多艱難，最終没有完成，令人扼腕。這批資料長期被擱置、塵封，风雨飘摇中成為一段令人揪心的历史。這批資料，在抗戰時期曾經跟隨北平研究院輾轉遷移；抗戰勝利後又回到北京；新中國成立後，1950年經中國科學院考古研究所交北京文物整理委員會留存整理。當年北京文物整理委員會整理、留存這批資料時，是經過文化部文物局鄭振鐸局長、王冶秋副局長同意并備案，可見相當重視。北京文物整理委員會的杜仙洲、曾權等先生，都為資料的整理和編目付出了大量心血。可惜整理工作始終没有走上正軌，"文革"期間，資料被打亂後封存，一段時間内竟然被遺忘于人們的記憶之外。2004年，中國文化遺産研究院"再次發現"了這批浸透着前輩學者心血的寶貴文獻資料。消息傳來，曾讓我感慨幾多！

近十年來，在國家文物局的大力支持下，中國文化遺産研究院先後開展了"院藏歷代金石拓片搶救整理項目"、"院藏歷史照片搶救整理項目"、"院藏珍貴古籍與文物資料搶救保護項目"，基本完成了對院藏資源的清點和登記。我對這幾項工作一向十分支持，也曾經幾次參加他們的會議。但我最關心的還是北平廟宇調查資料和與之相關的歷史文獻，希望中國文化遺産研究院能夠儘快完成整理并向社會公布，以使其發揮更大的作用。實際上，這批調查資料近年來在北京歷代帝王廟牌坊重建、什剎海歷史街區保護、妙應寺白塔修繕、廣濟寺保護與志書編纂等文化項目中都發揮了極其重要的作用，許多照片、平面圖、文字記錄和拓片，成為了文物保護與修復項目唯一的參考資料。這幾年，每次見到劉曙光院長，我都會叮囑他設法推動相關工作。今天，我看到了劉院長送來的校樣，看到這批資料經歷了85年的風雨之後能夠得到認真整理、有效保護，并最終得以刊布于世，内心真有不勝之喜。

　　這批資料，對于宗教史、文化史、建築史、地方史、民俗學等都具有重要價值。對于今天北京和其他古城的文物保護和歷史文化傳承，作用也無可替代。最近這些年來，我非常痛心地看到包括北京在内的許多歷史文化名城遭到了各種各樣的破壞，有的已經把古城弄得面目全非、名存實亡了。這種情況，已經引起了上至中央領導下至社會各界的廣泛關注，習近平總書記曾經專門就古城保護和文化傳承作出過批示，國家對歷史文化遺産的保護力度也在不斷加強，這批資料在保護和復原古都風貌方面的史料價值，愈顯珍貴，而本書的出版，可謂正逢其時。我向中國文化遺産研究院表示祝賀，并希望中國文化遺産研究院繼續做好這個《資料匯編》的編輯出版工作。

　　是為序。

2015年6月3日

目　錄

凡　例

1. 本書收録了中國文化遺産研究院所藏民國時期國立北平研究院北平廟宇調查資料。調查時間為1930年至1932年，調查目的是為編纂《北平志》搜集資料。現存調查資料931份，記録廟宇938座。調查資料包含調查記録手稿、廟宇平面圖、照片、碑刻與器物拓片，但并非每座廟宇都有以上四項内容，編者是依據現存資料整理出版。此次調查所謂廟宇，泛指寺廟、道觀、壇廟、祠堂、清真寺、教堂等。

2. 廟宇調查是按當時北平行政區劃的分區而進行，本書也將依照當時内城六區、外城五區以及四郊的區劃順序依次編排出版。每區按廟宇調查資料原編號排序。原編號後附現收藏單位的檔案總編號。

3. 本書以每座廟宇為記録單元，依次按照調查記録、平面圖、照片、拓片及拓片録文的順序編排，以方便讀者完整地瞭解和閱覽每座廟宇的調查資料。

4. 調查記録以録文方式整理出版，為方便閱讀，加以標點。調查記録後附注，簡要介紹廟宇情況，以供讀者參考。其中廟宇人員情況引自民國十八年（1929年）《北平特別市宗教調查表》。如發現原稿中有訛誤之處，亦在注中予以説明。

5. 平面圖按原圖縮印，圖下標注原圖比例尺、原圖單位、原圖尺寸。

6. 照片原無内容説明，書中照片文字説明為編者依據調查資料記載及有關文獻進行考證後所增加。

7. 拓片按年代先後順序排序，著録拓片名稱、年代、尺寸。拓片名稱參照《北平廟宇碑刻目録》、《北京圖書館藏北京石刻拓片目録》的拓片名稱。不見于這兩本《目録》的，碑刻以首題或額題為拓片名稱；器物以器物名稱、銘文題目或内容為拓片名稱。拓片年代，碑刻一般根據刻立的年代，器物一般根據製造的年代。拓片録文原稿附後，以供讀者讀識碑文參考。

8. 本書收録了中國文化遺産研究院收藏的民國十九年（1930年）北平市公安局印製的《北平特別市城郊地圖》，并于每卷之前附該卷分區地圖，以使讀者瞭解當時北平的行政區劃和廟宇所在方位。

20世紀30年代北平研究院北平廟宇調查述論

王小梅　劉季人

　　北京是中國歷史上遼、金、元、明、清五朝古都。北京城是在元大都的基礎上，經明、清兩代改建、擴建，最終形成了規模宏偉、規劃嚴整、設施完善的古代城市典範。除了皇家宮殿苑囿、政府衙署、貴胄府邸，數量衆多的廟宇也是北京城建築群中的重要組成部分，是北京城最突出的城市特點之一。

　　北京的廟宇數量之多，在全國可謂首屈一指。清朝乾隆十五年（1750年）繪製的《京城全圖》，標出了北京城內一千二百多座各類廟宇。民國以降，根據北平市社會局檔案記録，1928年北平登記在册的廟宇有1631座。在城區內，幾乎每條主要街道和胡同都有一兩座廟宇。既有氣勢雄偉的皇家敕建大廟，也有小巷深處的當街小廟。這些遍布于城市各個角落的大小廟宇，與當時的社會生活有着極為密切的關係。從皇家到民間，大凡生老病死、婚喪嫁娶、求財祈福、去禍消災等等，莫不向廟宇求神問卜、燒香還願。一些廟宇每年有固定的開廟日期，即廟會。廟會逐漸從宗教儀式演變成為城市生活中重要的商業和娛樂場所，在北京歷史與傳統文化特色形成的過程中起到了重要作用。

　　20世紀30年代初，國立北平研究院為了編纂《北平志》，開展了一次大規模的北平廟宇調查，記録了以北京城區為主的九百多座廟宇的詳細情況。根據現存檔案記載，民國期間，北平市政府部門曾經分別于1928、1936、1947年開展過三次廟宇登記，主要以管理為目的、以廟産和人口為主要登記內容。而北平研究院從1930年開始的這次廟宇調查，則是出于人文的動機，以修志為目的，由學術機構主導，研究人員參與，采用社會調查與傳統治史方法相結合的手段開展的一次較大規模的文物調查。除了歷史文獻匯編、金石摹拓等傳統方法，還采用了照相、測繪等新的技術手段，借鑒社會調查的形式和方法，留下了大批照片、平面圖、調查記録、拓片等珍貴資料。

　　從歷史的角度來看，這次調查對于後世的意義不同尋常。在此之前從没有過此種類型與規模的廟宇調查。在此之後，由于日本侵華戰争和戰後時局動蕩等歷史原因，使這次調查成為民國時期唯一的一次較為全面記録北京城區廟宇情況的實地調查。調查成果成為後人研究宗教史、文化史、建築史，特別是研究北京地方史、文化史、民俗史以及城市格局變遷和開展古都風貌保護所不可多得的重要史料。

一 北平研究院開展北平廟宇調查的歷史背景

　　20世紀20～30年代，是中國近現代科學技術與學術研究事業發展的一個極為重要的階段。這一時期，北伐戰爭取得勝利，國家基本結束了多年軍閥混戰的局面，進入了一個短暫的、相對穩定的發展時期。大批海外留學人員回國，許多西方現代學科、學術方法被引入中國，名家輩出，科研與學術成果豐碩。其中一南一北兩個國立綜合性學術研究機構——中央研究院和北平研究院，在這個發展歷程中扮演了極其重要的角色，為中國近現代科技與學術的發展作出了卓越的貢獻。

　　中央研究院成立于1928年6月，直轄于國民政府。北平研究院設立于1929年9月，隸屬于國民政府教育部。雖然兩個研究院都冠以“國立”之名稱，但其組織形式、學術群體、研究方向、歷史地位却不盡相同。與中央研究院相比，北平研究院實際是一所地方性的研究機構，整體規模小于中央研究院，學科設置也少于中央研究院。但作為同時代與中央研究院并存的綜合性科研與學術機構，北平研究院有着自身獨特的優勢。自然科學方面，在原子物理、化學、動植物學等研究領域有着國內領先的地位并取得了重要的成果。人文科學方面，有着特色鮮明的研究領域與成果，在古迹與遺址調查、考古發掘、邊疆史地研究、少數民族文字研究、地方民俗研究等方面做了大量工作，并出版和發表了各類專著和論文。其中對于北京地區歷史、地理、民俗的調查與研究，就是一項突出的成果。

（一）北平研究院的建立與發展

　　北平研究院的建立，是在籌建中央研究院的過程中提出的。1924年，孫中山先生就提出設立“中央學術院”為全國最高學術研究機關的設想。1927年南京國民政府成立伊始，蔡元培、張靜江、李石曾[1]等人向國民黨中央政治會議提出關于設立中央研究院的議案。1927年5月，國民黨中央政治會議采納了設立中央研究院的建議，并推舉蔡元培、張靜江、李石曾等人為籌備委員。在籌備中央研究院的過程中，李石曾又在政治會議上提出設立局部或地方研究院的議案。當時李石曾正在籌建北平大學區，便仿效中央研究院隸屬于中華民國大學院的體制，把擬議中的北平地方研究院規劃在其中，作為北平大學的研究機構。1928年9月，南京國民政府政治會議通過了李石曾關于建立北平大學和北平大學研究院的提議。後來有提議在浙江和北平兩地設兩個中央研究院分院，將北平大學研究院改為中央研究院分院。籌備過程中，蔡元培不贊成把地方研究院劃做中央研究院的分院，主張地方研究院應是一個獨立的學術機

---

[1] 李石曾（1881～1973年），又名李煜瀛，筆名石僧、真民。河北高陽人。民國時期著名教育家，故宮博物院創建人之一。國民黨四大元老之一。早年曾發起和組織赴法勤工儉學運動，在巴黎大學學習生物。回國後曾在北京大學執教，創辦中法大學。北平研究院的創建者。1973年卒于臺灣。

構。後經教育部部長蔣夢麟提議使用"國立北平研究院"的名稱，其性質為獨立的學術機構。這個主張得到各方面的贊同，并在1929年8月的行政院會議上通過。最終確定了北平研究院獨立的科學研究機構的性質，一個隸屬民國政府教育部的地方性獨立科研機構，其經費由教育部劃撥。

1929年9月9日，國立北平研究院正式成立，李石曾任院長，李書華[2]任副院長。北平研究院下設總辦事處，前後成立物理學、鐳學、化學、藥學、生物學、動物學、植物學、地質學、史學研究所（會）等研究機構，還與國立西北農學院在陝西武功合組中國西北植物調查所。學者將北平研究院20年的歷史劃分為三個階段：創設發展時期（1929～1937年），抗戰遷滇時期（1937～1945年），復原至暫停時期（1945～1949年）。第一個時期的七年，是北平研究院發展的黃金時期，各項工作處在一個有序而快速的發展階段，大部分科研工作與成果都是在這個時期完成和取得的。1937年七七事變，全面抗戰爆發後，北平研究院的許多工作也被迫中斷。1938年北平研究院大部分機構遷至雲南昆明。1945年抗戰勝利後，陸續遷回北平。1938～1949年，北平研究院雖然仍在有限的條件下開展工作，但因戰爭和戰後時局的動蕩不安，經費不足，條件受限，人員減少，使得科研工作舉步維艱，科研與學術成果明顯下降。1949年1月31日北平和平解放，中國人民解放軍進入北平。3月1日，中國人民解放軍軍事管制委員會文化接管委員會正式接管了北平研究院。同年9月，中央政府確定成立新的科學院，即中國科學院。11月，中國科學院從華北人民政府高等教育委員會處接收北平研究院總辦事處及其在北平的六個研究所。北平研究院的科研力量轉而成為中國科學院的重要組成部分。

自1929年至1949年的20年中，北平研究院的組織創立者和專家學者在"學理與實用并重"的原則指導下，開展了大量艱苦的、創造性的工作，在科學探索與學術研究方面取得了頗為豐碩的研究成果。20年中，北平研究院科研人員在國內外學術刊物上發表論文六百餘篇，出版各類專著五十餘種，成立了中國最早的放射性物質研究機構。20年中，北平研究院的組織機構也逐步發展和完善，為科學探索與學術研究提供了重要的組織保證。北平研究院在中國近現代科學事業發展史上作出了卓越的貢獻，有着重要的地位。

關于北平研究院，已有不少學者對其發展歷史、組織機構、管理模式、學術成就等進行了深入研究，論著頗多，在此就不贅述。本文重點對北平研究院史學研究會（所）及其所開展的北平廟宇調查的相關情況進行論述。

---

[2] 李書華（1889～1979年），河北昌黎人。物理學家、教育家。早年留學法國，獲得了法國國家理學博士學位。回國後執教于北京大學、中法大學。北平研究院創建者之一，任北平研究院副院長，南京國民政府教育部政務次長、部長，中央研究院總幹事。1949年移居國外，1979年病逝于紐約。

（二） 史學研究會（所）的發展與成果

北平研究院史學研究會（所）成立于1929年11月，成立之初稱史學研究會，1936年8月改為史學研究所，是北平研究院唯一的人文科學方面的研究機構。成立之初，辦公地點設在中南海懷仁堂西四所。

史學研究會（所）成立之時確立的研究方向和工作重點有四項：（1）編纂北平志；（2）編纂北方革命史；（3）編纂清代通鑒長編；（4）考古工作。這四項工作始終貫穿于史學研究會（所）20年的工作中。

史學研究會（所）先後聘請吳稚暉[3]、李宗侗[4]、張繼、白眉初、朱希祖、朱啟鈐、沈尹默、沈兼士、汪申、金兆梭、俞同奎、徐炳昶、馬衡、馬廉、陳垣、樂均士、齊宗康、顧頡剛、蕭瑜、鄭穎孫等為會員。吳稚暉、李宗侗為常務會員，李宗侗兼幹事。

專任編輯有褚葆衡、高靜濤、瞿宣穎、徐炳昶、吳世昌、董炳寅、吳豐培、鮑汴、張江裁、常惠、劉厚滋等。

助理員有石兆原、何士驥、邵君樸、常惠、許道齡、劉師儀、蘇秉琦等。

調查員有李九皋、何子奇。

書記有范綏青、翁瑞昌、張江裁、闞墨青、常硯農、鮑季貞、曲振綱、張子玉、馬豐、鄧詩熙、趙純等。

研究會成立之初，人員分成兩組，一組為調查編輯組，由李書華任主任；另一組為考古組，由徐炳昶[5]任主任。1935年7月，調查編輯組改為歷史組，由顧頡剛[6]任主任。考古組不變。

在北平研究院20年的歷史中，史學研究會（所）按照既定的學術發展規劃，開展了大量的工作，并取得了豐碩的成果。

---

[3] 吳稚暉（1865～1953年），又名敬恒，江蘇武進人。1902年加入上海愛國學社，曾參與《蘇報》工作。1905年在法國參加中國同盟會，出版《新世紀》報。國民黨四大元老之一。1924年起任國民黨中央監察委員、國民政府委員等職。1927年支持蔣介石反共清黨活動。中央研究院院士。1953年卒于臺灣。

[4] 李宗侗（1895～1974年），字玄伯，河北高陽人。晚清名臣李鴻藻之孫。早年留學法國，畢業于巴黎大學。1924年返國，執教于北京大學、中法大學。1926～1933年任故宮博物院秘書長，參與故宮文物清理和接收。抗日戰爭期間，護送故宮文物南遷寧滬和重慶。1948年故宮文物遷臺，參與清點整理，設立臺北故宮博物院。後任臺灣大學歷史系教授。

[5] 徐炳昶（1888～1976年），字旭生，河南唐河人。早年留學法國，曾執教北京大學、北平女子師大和北京師範大學。曾任北平研究院史學研究會考古組主任、史學研究所研究員兼所長。一直致力于史前研究和考古研究。新中國成立後在中國科學院考古研究所工作，在史前研究方面作出重大貢獻。

[6] 顧頡剛（1893～1980年），名誦坤，字銘堅，號頡剛。江蘇蘇州人。中國現代著名歷史學家、民俗學家，古史辨學派創始人，現代歷史地理學和民俗學的開拓者、奠基人。1920年，顧頡剛畢業于北京大學，後歷任廈門大學、中山大學、燕京大學、北京大學、雲南大學、蘭州大學等校教授。新中國成立後，任中國科學院歷史研究所研究員、中國民間文藝研究會副主席、民主促進會中央委員等職。

考古方面，主要有常惠等人對河北易縣燕下都故址的發掘；徐炳昶、常惠、何士驥等對陝西豐鎬、大邱、雍、阿房宮、陳寶祠等遺址的調查；徐炳昶、蘇秉琦、何士驥、白萬玉、龔元忠對陝西寶雞鬥雞臺遺址的發掘；徐炳昶、顧頡剛、龔元忠、馬豐等對河北磁縣南北響堂寺及其附近的南北朝時代之佛窟石刻等古迹的調查；徐炳昶、顧頡剛對邯鄲縣趙王城和曲陽縣恒山廟的調查；黃文弼對羅布淖爾的考古調查。

歷史研究方面，主要分為編纂《北平志》及一般史籍與史料的整理與研究。為編纂《北平志》，姚彤章、常惠、李至廣、吳世昌、張江裁、許道齡等開展了北平廟宇調查，對每一處廟宇進行照相、繪製平面圖、拓碑和文字記錄，根據这些材料陸續編成《北平廟宇通檢》、《北平廟宇碑刻目錄》、《北平金石目》等書；張江裁開展了北平風俗研究，撰寫了《北平歲時志》、《北平天橋志》；鮑汭、許道齡等人編纂《北平廟宇志》；徐炳昶開展關于中國古史傳說資料的整理與研究及關于中西文化的比較研究；許道齡以國子監明清進士題名碑與歷朝進士題名錄互相校對，編纂《中國進士匯典》；顧頡剛、徐文珊開展的《史記》校點及索引；白壽彝在宋元學術史方面開展的研究；馮家昇、吳豐培對邊疆史料的整理；王靜如對回鶻、突厥、西夏文字的研究；馮家昇對于火藥的發明及其西傳的研究；程溯洛對于南宋初年財政的研究；尚愛松對魏晉玄學的研究；鍾鳳年的《水經注》校補等。此外還有對太平天國、秘密社會的史料搜集與整理等工作。史學研究會（所）還創辦了史學學術專刊《史學集刊》。

史學研究會（所）匯集了一批優秀的歷史學家和考古學家，在短短的20年裏，經過不懈的努力，把史學研究會（所）辦成了民國時期國內較有影響的研究機構。

二　北平廟宇調查的緣起與經過

編纂《北平志》居史學研究會的四項主要工作之首，由調查編纂組承擔。1930年1月，史學研究會在第一次全體會議上擬定了編輯《北平志》的辦法。11月舉行第二次会议，決定了編輯《北平志》的體例及整理史料的方法。《北平志》以記述北平近代之史迹為主旨，尤注重于社會狀況之變遷，志的内容定為六略：疆理略（地理記述）、營建略（人工建築）、經政略（地方行政設施）、民物志（社會狀況記述）、風俗略（民俗調查）、文獻志（北平史料）。成立了編定委員會，會員包括：陳垣、馬衡、朱希祖、徐炳昶、顧頡剛、李宗侗、翁文灝七人。

其中“營建略”包括城垣，故宮，公務機關（衙署、營房、倉庫、使館），文化機關（學校、觀象臺、辟雍、孔廟），宗教建築（佛道寺觀祠宇、耶回教堂及其他宗教建築），慈善機關（醫院、孤兒院、粥廠），會所（會館公所），店肆（市場及私家商店），娛樂處所，園宅（名人故居），街巷，河渠，郊苑，冢墓。

1930年1月史學研究會第一次全體會議確定編纂《北平志》後，調查編纂組首先展開了對北平宗教建築的調查，"蓋北平廟宇之多，為全國任何都市所不能及，其關係建築藝術良非淺鮮"[7]。從1930年3月7日開始，史學研究會開始派員分區調查寺觀、壇廟、祠堂、清真寺、教堂，搜集史料并摹拓石刻[8]。

調查工作的步驟分為實物調查和史料搜集兩部分。實物調查包括：照相、測繪平面圖、拓取碑碣、調查記錄。史料搜集包括：典籍及文獻的搜集、年表及索引的編製。其中調查記錄是調查人員進行實地調查時對每座廟宇的地址、建築格局、匾額碑刻、殿堂陳設、供奉神佛、修建年代、歷史沿革、院内樹木、僧道人員等情況做的詳細筆錄。"本會調查方法，先以照相提取各建築物之内外各部，以測製平面圖，再就碑碣等項拓取文字，最後仍就其住持僧道及左右鄰居詢問其口耳相傳之歷史，至其他所獲之古器物舊文件等，在可能範圍之内亦必詳密鉤稽。"[9]

廟宇調查是按當時北平城區的行政區劃分區逐步開展的。民國十七年（1928年）國民政府遷都南京，北京改稱北平。民國十八年（1929年）北平市由原來的内外城20個區改為11個區，即内城六區，外城五區。"自中華門以東，順皇城外至翠花胡同、馬市大街、東四牌樓、朝陽門大街以南，為内一區；中華門以西，順皇城而北，至大醬坊胡同折而西，豐盛胡同、武定侯胡同以南，為内二區；安定門大街以東，馬市大街、東四牌樓、朝陽門大街以北，為内三區；大醬坊胡同、豐盛胡同、武定侯胡同以北，西安門皇城以北，經棉花胡同、羅兒胡同達于積水潭以西，為内四區；安定門大街以西，積水潭以東，地安門皇城以北，為内五區；皇城以内為内六區。前門大街以東，東珠市口以北，崇文門大街以西，為外一區；前門大街以西，西珠市口以北，宣武門大街以東，為外二區；崇文門大街以東，外城墻垣以北，為外三區；宣武門大街以西，賈家胡同以南，至外城墻垣以北，為外四區；東西珠市口以南，東至天壇東外墻，西至黑窑廠、陶然亭，為外五區。"[10]四郊設東郊區、南郊區、西郊區、北郊區。

調查工作是在進行了充分的準備後開展的。在進行調查之前，先將北平市社會局所藏全市大小廟宇清冊複製全份，作為調查依據[11]。調查工作首先從外四區開始，調查人員持致公安局各區分局的公函和致各區境内廟寺庵觀公函，説明修志之原委，然後入廟從事工作。在一些調查現場照片中，除了調查

[7] 國立北平研究院：《國立北平研究院概況》，北平：國立北平研究院，1933年，第100頁。

[8] 《史學研究會調查北平廟宇碑記報告》，《國立北平研究院院務彙報》，1930年第1卷第2期。

[9] 國立北平研究院：《國立北平研究院概況》，北平：國立北平研究院，1933年，第100頁。

[10] 陳宗蕃：《燕都叢考》，北京：北京古籍出版社，1991年，第9頁。

[11] 吳豐培：《記1935—1937年的北平研究院史學研究會》，《北京社會科學》，1986年第2期。

人員，還可以看到隨行警察的身影。

廟宇調查人員的大致分工為：編輯褚葆蘅擔任攝影及搜集史料，助理員李至廣測繪各廟平面圖，幹事姚彤章指揮拓工摹拓石刻及搜集史料。

碑文的抄録工作由史學研究會的鮑季貞、甄霽雲、范綏青、常硯農承擔。

碑碣、器物的摹拓工作由琉璃廠翰茂齋承擔，現存的拓片上可見"琉璃廠翰茂齋"的題簽，拓工為李月庭。

照片由北平中原照相館和美麗照相館衝印。

1930年3～11月，調查人員完成了外城五區全部調查工作。外一區46處廟宇，外二區60處廟宇，外三區72處廟宇，外四區81處廟宇，外五區59處廟宇，合計318處。同時還拓取了國子監、東嶽廟的碑刻。11月起，開始調查內三區的廟宇。

1931年1月～1932年3月，調查人員完成了內城六區廟宇的調查工作，共調查內一區68處、內二區66處、內三區101處、內四區132處、內五區137處、內六區60處，合計564處。

至此，北平城區內外城的廟宇調查的主要工作基本完成，內外城11區共計調查廟宇882處，比公安局原來登記的廟宇多出154處。得廟宇平面圖七百餘幅（僅繪製大廟），照相三千餘張，金石拓片四千餘品，記録八百餘份[12]。

在結束了對城區廟宇的調查之後，調查編纂組於1932年3月開始，對包括高等法院、公安局、司法部等在內的北平各行政機關、公立機構內的碑碣進行調查。同年11月底，開始赴近郊進行調查，但祗完成了西郊區部分廟宇的拍照和碑刻的打拓工作。

1933～1936年，史學研究會（所）的調查人員主要進行調查資料的整理，并對之前遺漏的材料進行補充，主要是補拓碑刻。根據搜集的廟宇材料，史學研究會開始着手編纂《北平廟宇志》，外城與內城廟宇分別由鮑汧和張江裁編撰。1936年後，張江裁、許道齡、劉厚滋擔任材料整理與校勘，吳世昌、張江裁、許道齡繼續實地調查，吳世昌還擔任專題研究和各廟宇志的編撰。

許道齡在1936年5月的《史學研究會歷史組工作報告》中記載他與張江裁於本年度整理廟宇調查資料，其工作步驟是，先"按照各種清册檢點，查其有無遺失"，然後"以公安局分區為單位，分別編寫各廟宇號碼，并油印多册，名曰廟宇一覽。再將各種材料依照其次序分開，逐一裝套。同時又將其名稱、號碼及地址書於套面，挨次存櫃"。經整理，內城共得廟宇585座，外城共得廟宇346座，共計931座。內城201座廟宇有碑445通，外城102座廟宇有碑328通。

---

[12] 李書華：《國立北平研究院的過去與現在》，《國立北平研究院院務彙報》，1935年第6卷第2期。

北平研究院出版的《院務彙報》，從1930年7月出版的第一卷第二期開始，至1932年7月出版的第三卷第四期，連載了13篇《史學研究會調查北平廟宇碑記報告》，記述了調查工作的進展和取得的成果，羅列廟宇名稱并附所得金石拓片目錄。《院務彙報》還先後刊載了10篇《北平廟宇碑目》、2篇《北平四郊寺廟碑目》、1篇《補拓北平石刻續目》、1篇《北平東嶽廟碑目錄》，基本包括了此次調查所拓全部碑刻。1934年，史學研究會在此基礎上按年代先後編次，編輯出版了《北平金石目》，"內外城以內各廟宇所存之金石文字，約一千二百餘種，其在四郊者，調查傳拓尚未蕆事，故未列入"[13]。1936年史學研究會在調查的基礎上，將內外城區廟宇現存碑碣整理并編目，出版了《北平廟宇碑刻目錄》。同時還將記載北平廟宇的歷史文獻彙鈔成書，編纂了《北平廟宇通檢》。這三部書成為研究北京地區碑刻和廟宇的重要文獻。

七七事變後，全面抗戰爆發，史學研究所的各項工作基本停頓。1938年史學研究所隨北平研究院遷至昆明，圖書文獻資料或運往昆明，或易地保存。1945年8月，抗戰勝利後，北平研究院各機構和人員回遷。到1947年，文獻資料均已運回北平，大致完好無損[14]。

1949年11月，中國科學院接管北平研究院後，史學研究所并入中國科學院考古研究所，史學研究所的圖書文獻資料被考古研究所接收。

1930～1932年，北平研究院史學研究會以編纂《北平志》為目的而開展的北平廟宇調查，自明清以來無人從事。在當時的條件下，僅用了兩年的時間就完成了如此浩繁的現場工作，可謂史學研究會的創始之舉。此次調查積累了大量珍貴的第一手資料，發現了史籍中未記載或記載不詳的內容。調查工作以及後續開展的專題性整理與研究工作，成為北平研究院建立以來持續多年的一項主要工作。雖然編纂出版《北平志》的初衷因歷史原因沒有實現，但留存下來的北京九百多座廟宇的調查資料成為留給後人的寶貴文化財富。直到今天仍然在為北京城市及文物古迹保護與研究工作發揮着重要作用。

三 北平廟宇調查的價值與意義

（一）學術機構主導，政府部門支持，調查資料翔實可靠

1949年以前，北平市政當局對全市城區、近郊寺廟進行的三次大規模調查登記，主要以地產、房產和人口為主要登記內容。1930年北平研究院開展的這次調查不同于政府機構進行的調查登記，是一次由學術機構主導，在社會局和公安局等政府機構的支持和協助下，由專家學者直接參與的廟宇文物普查工

[13] 國立北平研究院史學研究會：《北平金石目》，北平：國立北平研究院史學研究會，1934年。
[14] 《本所紀事》，《史學集刊》，第5期，第303頁。

作。北平廟宇調查通過拍照、測繪、記録、拓碑，對每座廟宇進行了翔實的記録。文字記録詳細記述了寺廟的名稱、地址、始建年代、沿革、建築格局、附屬文物、保存狀況及周邊情況等，結合平面圖及大量建築、造像、器物和廟内陳設的照片，能夠直觀、立體地反映廟宇的全貌。代表了當時文物調查的最新手段和最高水平，彌足珍貴，它是一套較為完整的文物調查檔案。

（二）采用傳統與現代相結合的調查方法與手段，調查資料更全面、科學

此次調查手段之新、内容之豐富、效率之高，前所未有。之所以能夠取得如此之成效，絶非偶然。如果把這次廟宇調查納入到20世紀二三十年代的學術大環境下來看，不難找到其根源。

其一，20世紀初，隨着中國社會的變革轉型，歷史學也歷經了一場全面的改革，新史學的興起，實現了由傳統史學向現代史學的轉變。新史學在歷史觀念、治史目的、對象等方面都與傳統史學有着根本的不同。新史學持歷史進化論觀點，區别于傳統史學復古、循環的觀念；新史學以國民群體為歷史重心，區别于傳統史學以皇族王朝為歷史中心；新史學以全體國民為讀者對象，區别于傳統史學為帝王個人提供借鑒。新史學的宗旨是為全體國民寫史，寫全體國民的歷史。受新史學思想的影響，民國學者在方志的編纂目的、體例、方法上都進行了有益探索。《北平志》在制訂編纂計劃時强調，"以記述北平近代之史迹為主旨,尤注重于社會狀況之變遷"[15]。把關注民生、關注當下社會之發展變遷列為重要内容。

其二，20世紀初期,西方社會學理論傳入我國，中國學術界興起了一股社會調查的學術新風。學者將其稱為近代中國學術史上一場"真正的革命"，是當時中國社會生活和思想文化領域裏破天荒的新事物。從鄉村社會經濟、宗教民俗、城市工商業、社會組織、文教事業、少數民族、醫療衛生等方方面面，開展各種社會調查。組織和參加調查的有公立機構、民間團體、專家學者、大學生等[16]，留下了大量的調查數據和文字資料。方志編纂也受其影響，開始運用社會調查方法并對調查結果進行統計。史學研究會（所）在編纂《北平志》的過程中，也采用了社會調查的方法。其中廟宇調查就是將社會調查的新型治學方法運用于傳統史學研究的一次極好的嘗試。

（三）成為新中國成立後古建築調查工作的重要參考和指南

北平研究院編纂出版《北平志》的初衷未能實現，不免令人遺憾。這批資料在戰亂與動蕩中幾經輾轉，所幸大部分得以保存下來。

[15] 《史学研究会概况》，《國立北平研究院院務彙報》，1930年第1卷第4期，第28頁。
[16] 李文海主編：《民國時期社會調查叢編（二）》，福州：福建教育出版社，2009年。

1949年10月，北京文物整理委員會（中國文化遺產研究院前身）[17]成立，1950年8月1日，中國科學院考古研究所成立。1950年夏，經文化部文物局同意，北京文物整理委員會經與中國科學院考古研究所協商，同意由北京文物整理委員會對留存于考古研究所的民國北平研究院北平廟宇調查資料進行整理、編目和研究。

　　文物整理委員會首先派杜仙洲前往中國科學院考古研究所對北平廟宇調查資料進行整理和編目。到1950年10月，歷時三個月，編目工作完成，編輯油印了《北京廟宇調查資料集覽》和《北京廟宇照片底版清册》。《北京廟宇調查資料集覽》登記北平廟宇調查資料891份，記錄了每份廟宇調查資料中照片、平面圖、調查記錄、拓片的情況，相當于一份簡目；《北京廟宇照片底版清册》登記廟宇照片底版2116張，記錄了照片底版的數量和尺寸。11～12月，北京文物整理委員會派曾權、杜仙洲前往中國科學院考古研究所將這批資料提運到文物整理委員會，而考古所的經手人正是當年參加北平廟宇調查資料整理工作的許道齡。許道齡1931年進入北京大學歷史系學習[18]，1935年進入北平研究院史學研究會任助理員，開始進行廟宇調查資料的整理與校勘。新中國成立後，在中國科學院考古研究所工作至20世紀60年代初退休[19]。《中國文物研究所七十年》一書中收錄了杜仙洲先生回憶當年整理接收這批資料的情況。

　　北平研究院史學研究會1936年公布的調查廟宇數量，內外城區廟宇共計931處，但遺憾的是沒有留下詳細目錄。我們今天祇能依據1950年的這份資料集覽和北平研究院《院務彙報》刊載的資料進行整理和編目。

　　從目前資料整理的結果來看，1950年《北京廟宇調查資料集覽》中所登記的絕大部分資料都保留了下來。現存調查資料931份，包括29處祇有照片和拓片的西郊寺廟。由于有幾份調查資料記錄了兩處以上廟宇，所以實際廟宇數量應為938處。有照片和底片3075張，平面圖496張，調查手稿856份，拓片906套，拓片錄文664份。

　　此外，中國文化遺產研究院藏國子監碑刻拓片466套，東嶽廟碑刻拓片135套，以及高等法院、公安局、司法部等處的碑刻拓片八十多套，與《國立北平研究院院務彙報》所記載的拓片相符。儘管在1950年編印的《北京廟宇調查資料集覽》中沒有記錄，但經考證應屬此次調查的拓片資料。

　　1932年史學研究會公布的調查內外城區的廟宇數量為882處；1936年公布的是931處；1950年北京文物整理委員會接收登記的調查資料為891份，另加29處西郊廟宇，共計920處；2014年整理統計有廟

[17]　中國文化遺產研究院的前身為成立于1935年的舊都文物整理委員會，1949年10月更名為北京文物整理委員會，1956年更名為古代建築修整所，1962年更名文物博物館研究所，1973年更名為文物保護研究所，1990年6月與文化部古文獻研究室合并，成立中國文物研究所。2007年8月更名為中國文化遺產研究院。
[18]　郭衛東、牛大勇主編：《北京大學歷史學系簡史》，北京大學歷史學系，內部資料。
[19]　許道齡在中國科學院考古研究所的有關情況，源自中國社會科學院考古研究所王世民先生口述。

宇資料931份，記載廟宇938處。

20世紀50年代初，新中國百廢待興，文物的搶救保護工作亟待開展。剛成立不久的北京文物整理委員會的主要任務是古建築的調查研究和維修。除了古建維修工程，文物整理委員會首先開展了對北京地區古建築的調查工作，其中就包括對北京廟宇的調查。

從現存檔案來看，北平研究院留下的這批廟宇調查資料，為北京文物整理委員會開展的北京古建築調查工作提供了極為重要的參考資料。根據1930～1932年北平廟宇調查資料編印的《北京廟宇調查資料集覽》，成為了一份開展北京城區廟宇調查工作的指南。調查人員按照北京新的區劃對《北京廟宇調查資料集覽》記錄的廟宇進行排序，逐一進行調查和記錄，并有所增補。這次調查除了內外城的寺廟、道觀、壇廟、祠堂、教堂、清真寺外，還重點對關廂、海淀、石景山、豐臺、南苑、東郊各區的廟宇進行了調查記錄。

調查工作從1950年6月到1952年底，根據對調查登記冊的統計，共登記城區及郊區各類廟宇1309座。1950年10月北京文物整理委員會編印了《北京文物建築等級初評表》，并按文物建築的重要性分成甲、乙、丙三級。北京文物整理委員會1951年的工作總結中有關于這次調查的記述："市內除每月都有重點調查外，1951年曾利用暑假機會約請北大工學院學生，做內外城九區廟宇的普遍調查。秋冬間已把全部調查記錄整理完畢，并選擇有特殊史藝價值的廟宇復查證實，劃分甲、乙、丙、丁四級，并製出全城廟宇分布圖"[20]。1953年，北京文物整理委員會對北京"郊區（離城十里以外）廟宇古建築已普查完成，編製記錄（帶草圖、照片）的二百五十六處，曾發現長辛店南呂村鎮崗塔、八寶山南崇國寺元塔、馬房寺明塔、崇外營房頭條遼金塔、訥公墳前牌樓、單店真武廟壁畫、承恩寺及法海寺法式和壁畫等，都具有研究價值。"[21]

當年參加調查的有北京文物整理委員會的俞同奎、袁鍾山、曾權、于倬雲、杜仙洲、羅哲文等，主要調查了北京內外城區、關廂、海淀、石景山、豐臺、南苑、東郊各區的廟宇和古建築。羅哲文先生回憶說，當時他剛從清華大學調到文物局任業務秘書，常和于倬雲一起騎着自行車穿行於北京的大小胡同，采用文字記錄和照相的手段記錄各類廟宇的信息[22]。當時還是北京大學歷史系在校學生的徐蘋芳也參與了調查工作。

從北平研究院的北平廟宇調查，到新中國成立後北京文物整理委員會開展的文物建築調查，對于北京廟宇的調查，已經不再是簡單的對宗教場所的登記與管理，而是將其納入歷史文化與文物建築的範疇進行記錄、備案與保護。

---

［20］《北京文物整理委員會一九五一年工作總結》。
［21］《北京文物整理委員會一九五三年工作總結》。
［22］中國文物研究所：《中國文物研究所七十年》，北京：文物出版社，2005年。

四　對北平廟宇調查資料的整理與思考

　　北平研究院最終没有完成《北平志》的編纂出版，祇在專題性研究上取得了一些成果。從後續研究方向和取得的成果可以看出，當時參加調查資料整理的學者將重點主要放在金石拓片的整理和編目上，并編纂出版了幾部專著。而對于照片、文字記録和平面圖却没有完成整理、編目和校勘工作，以致照片祇是按廟歸檔，没有文字説明。史學研究會（所）的學者大多都是歷史學、考古學、語言文字學方面的學者，鮮有工科和建築學專業人員。因此所繪平面圖祇是平面示意圖，并非嚴格意義的測繪圖紙。全部資料没有完整的目録，前後公布的廟宇數量也存在差異，給後來的整理工作造成一定難度。

　　20世紀60年代末"文革"開始後，文物博物館研究所的各項工作全部停滯，所有資料都被封存。直到1995年中國文物研究所搬到新的辦公場所後，才陸續將被封存在郊區倉庫中的大批圖書資料遷回。但此時已經物是人非，一堆堆凌亂無頭緒的資料，既没有目録清單，也不知來龍去脉。所幸的是，當年整理、接收這批資料的杜仙洲先生提供了重要綫索，才使得中國文化遺産研究院有可能進一步開展整理與研究。

　　2003年開始，在國家文物局的大力支持下，中國文化遺産研究院先後開展了"院藏歷代金石拓片搶救整理項目"、"院藏歷史照片搶救整理項目"、"院藏珍貴古籍與文物資料搶救保護項目"。通過大規模的搶救與整理，完成了對院藏文獻資料的清點和登記，基本摸清了家底。許多塵封多年的珍貴古籍、金石拓片、文獻資料和歷史檔案逐漸展露真容。在整理北京文物整理委員會檔案時，發現了1950年移交的北平廟宇調查資料的檔案和北京文物整理委員會在20世紀50年代初開展文物建築調查的資料，不僅印證了杜仙洲先生的回憶，還提供了更為翔實的歷史背景材料，對開展廟宇調查資料整理有着非常重要的意義，成為我們最終能夠瞭解北平廟宇調查資料的來龍去脉，并揭示其重要價值與意義的關鍵。

　　北平廟宇調查資料的整理工作經歷了近十年的時間，得到了國家文物局及社會上許多專家學者的關心和大力幫助。中國文化遺産研究院前後參加整理的工作人員多達十餘人。2005～2006年，在開展金石拓片和歷史照片搶救保護兩個項目時，先期完成了對北平廟宇調查資料的照片翻拍和拓片修復等搶救性保護工作。2012～2014年，中國文化遺産研究院為了推動這項工作的開展，設立了"北平廟宇調查資料整理與出版項目"，對這批資料進行專項整理與研究。完成了全部資料的整理和數字化工作。同時，還對北平廟宇調查的整個過程、調查方法以及包含的重要意義與學術價值進行了較為深入的研究，有了更加全面的認識。

　　經過煩瑣而艱難的整理，今天能夠將85年前的這批珍貴資料完整地刊布于世，一方面是希望能有更多的人瞭解和利用這批歷史資料，使其發揮更大的學術價值和社會作用；另一方面也是想通過對這次調查經過的回顧、成果的歸納與總結，更加深入地瞭解前輩學者和文物工作者踏實、嚴謹、創新的治學態度，以及在内憂外患紛擾不斷的環境裏不畏艱難、不斷進取的奮鬥精神，以激勵今人更好地守護祖國優秀的文化遺産，使之發揚光大。

參考文獻

1. 國立北平研究院：《國立北平研究院院務彙報》，1930～1936年。

2. 國立北平研究院：《國立北平研究院概況》，北平：國立北平研究院，1933年。

3. 國立北平研究院：《國立北平研究院概況（民國十八年九月至三十七年八月）》，北平：國立北平研究院，1948年。

4. 國立北平研究院史學研究所：《史學集刊》，第5期。

5. 張江裁、許道齡：《北平廟宇碑刻目錄》，北平：國立北平研究院，1936年。

6. 許道齡：《北平廟宇通檢》，北平：國立北平研究院，1936年。

7. 國立北平研究院史學研究會：《北平金石目》，北平：國立北平研究院史學研究會，1934年。

8. 陳宗蕃：《燕都叢考》，北京：北京古籍出版社，1991年。

9. 繆荃孫輯：《順天府志》，北京：北京大學出版社，1983年。

10. 北京市檔案館：《北京寺廟歷史資料》，北京：中國檔案出版社，1997年。

11. 北京文物整理委員會：《北京廟宇調查資料集覽》，內部資料，1950年。

12. 北京文物整理委員會：《北京廟宇照片底版清冊》，內部資料，1950年。

13. 北平市公安局：《北平特別市宗教調查表》，內部資料，1929年。

14. 《北平寺廟調查一覽表》，內部資料，1945年。

15. 劉曉：《國立北平研究院簡史》，北京：中國科學技術出版社，2014年。

16. 林文照：《北平研究院歷史概述》，《中國科技史料》，1989年第1期。

17. 刁婭君：《北平研究院史學研究所初探》，碩士學位論文。

18. 中國文物研究所：《中國文物研究所七十年》，北京：文物出版社，2005年。

19. 董曉萍、呂敏：《北京內城寺廟碑刻志》，北京：國家圖書館出版社，2011年。

20. 郭衛東、牛大勇主編：《北京大學歷史學系簡史》，北京大學歷史學系，內部資料。

21. 李文海主編：《民國時期社會調查叢編（二）》，福州：福建教育出版社，2009年。

22. 國家文物局編：《中華人民共和國文物工作大事記（1949-1999）》，北京：文物出版社，2008年。

23. 國家文物局編：《鄭振鐸文博文集》，北京：文物出版社，1998年。

24. 國家文物局編：《王冶秋文博文集》，北京：文物出版社，1997年。

25. 徐自強主編：《北京圖書館藏北京石刻拓片目錄》，北京：書目文獻出版社，1994年。

26. 北京圖書館金石組編：《北京圖書館藏中國歷代石刻拓本匯編》，鄭州：中州古籍出版社，1989年。

27. 馬芷庠：《老北京旅行指南》，長春：吉林出版集團有限責任公司，2008年。

28. 侯仁之：《北京城的生命印記》，北京：生活・讀書・新知三聯書店，2009年。

29. 佟洵：《佛教與北京寺廟文化》，北京：中央民族大學出版社，1997年。

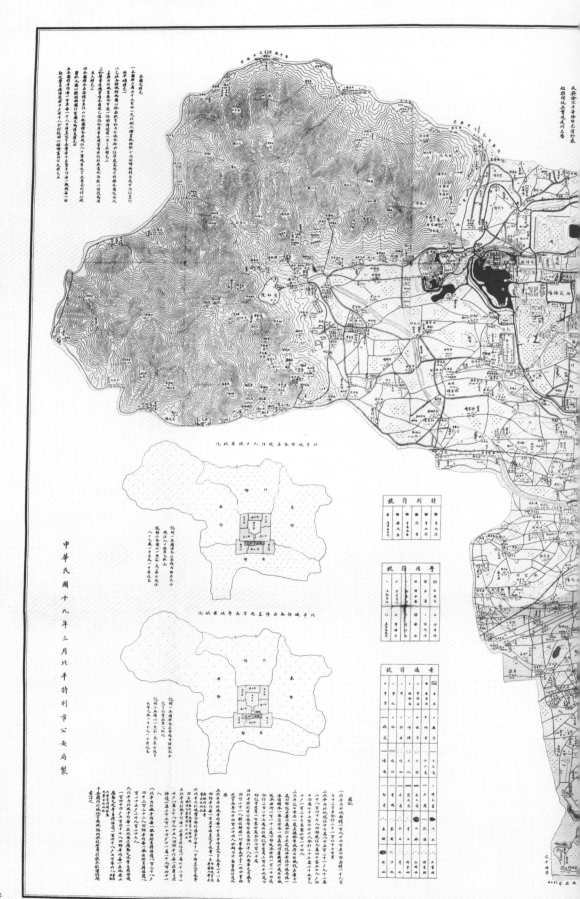

北平特別市城郊地圖

（1930年北平市公安局製）

原圖比例尺：1:35500

原圖單位：米

原圖尺寸：縱93、橫123厘米

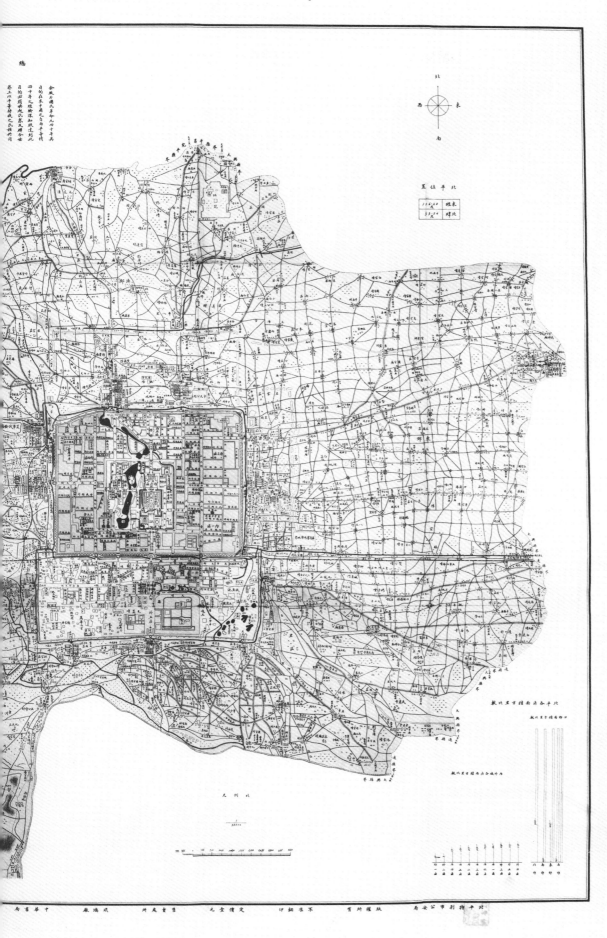

北 平 特 別

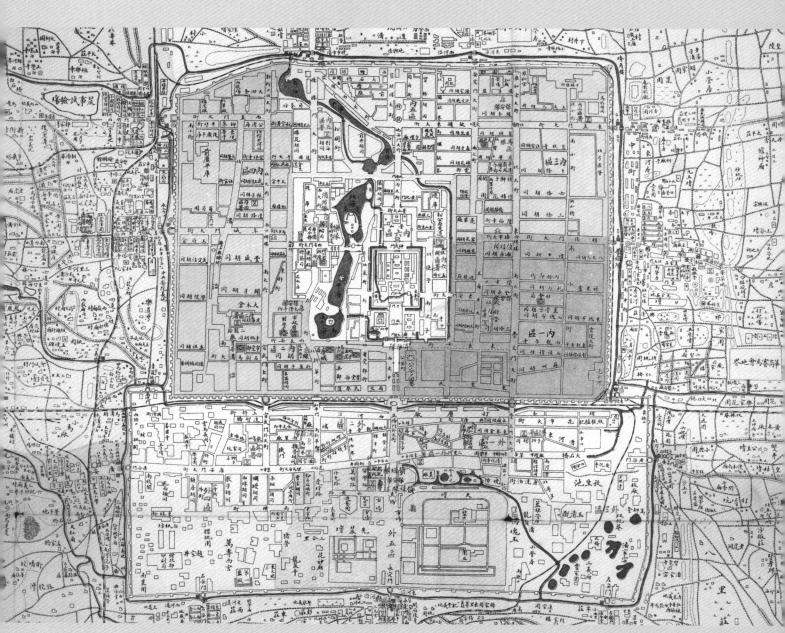

北平特别市城郊地图局部——城区地图

内一區

内一區卷，共收錄内一區六十九座廟宇的調查資料。内一區大致在『自中華門以東，順皇城外至翠花胡同、馬市大街、東四牌樓、朝陽門大街以南』的範圍内。

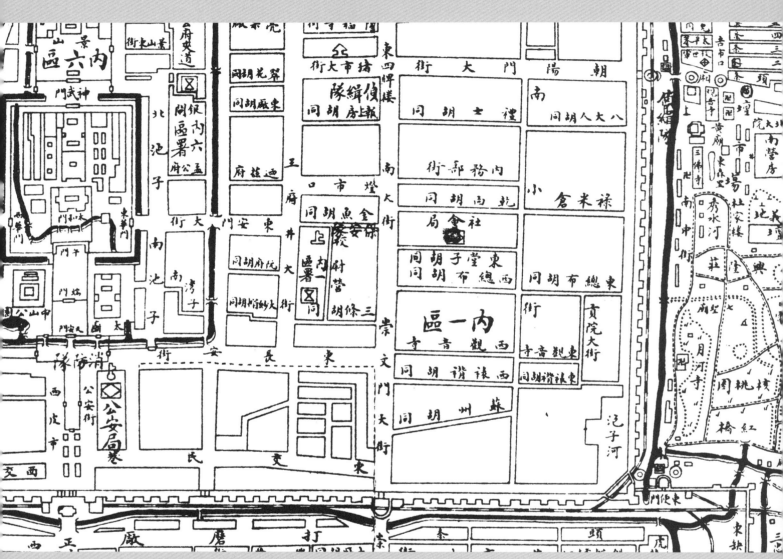

北平特别市城郊地圖局部——内一區

雙松寺

【調查記錄】

無

地址：内一區大雅寶胡同五十八號

注 雙松寺位于内一區大雅寶胡同58號。始建年代不詳。坐南朝北，寺内建築有三大士殿及配殿。民國十八年（1929年）寺廟人口登記時有普遠等2人。

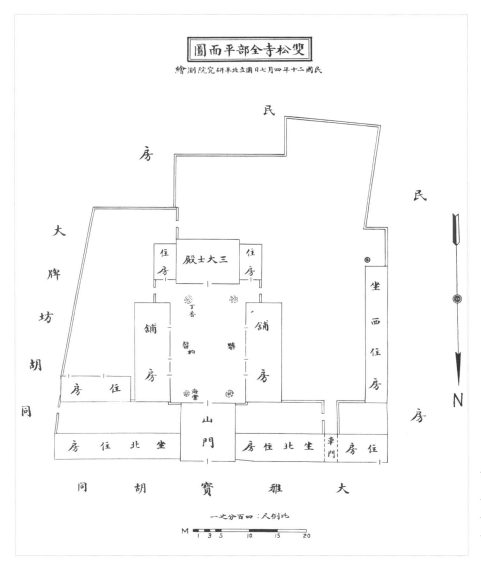

雙松寺全部平面圖

原圖比例尺：1∶400

原圖單位：米

原圖尺寸：縱26.8、
　　　　　横25.3厘米

雙松寺山門

雙松寺山門

雙松寺三大士殿1

雙松寺三大士殿2

雙松寺車門

巖雲寺

【調查記録】

無

地址：内一區南小街什坊院三十八號

注 巖雲寺位于内一區南小街什坊院38號。始建年代不詳。坐北朝
南，一層殿。供奉毗盧佛。民國十八年（1929年）寺廟人口登記
時有福振1人。

巖雲寺正殿

巖雲寺内樹木

巖雲寺毗盧佛

巖雲寺毗盧佛

巖雲寺香爐

獅子庵

【調查記録】

無

地址：內一區南小街十七号

注 獅子庵位于內一區南小街17號。建于清光緒二十八年（1902年）[1]。坐東朝西，庵內建築有天王殿、觀音殿、關帝殿、天仙聖母殿。供奉觀音、關帝、財神、土地。民國十八年（1929年）寺廟人口登記時有實然1人。

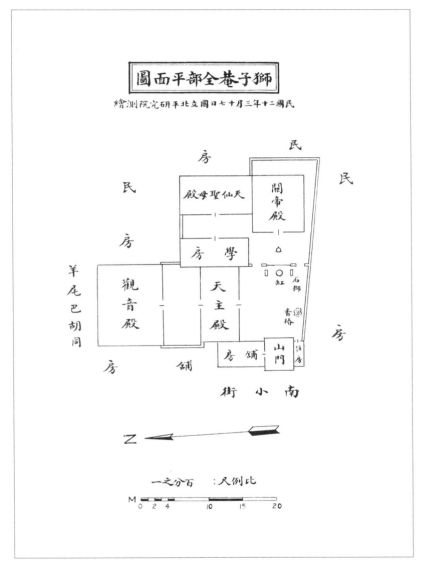

狮子庵全部平面圖

原圖比例尺：1：100

原圖單位：米

原圖尺寸：縱20.4、橫15.1厘米

[1] 北京市檔案館：《北京寺廟歷史資料》，北京：中國檔案出版社，1997年。

獅子庵山門

獅子庵天王殿

獅子庵二道院門

獅子庵香爐

五聖祠

【調查記錄】

無

地址：内一區寶珠子胡同二號

注 五聖祠位于内一區寶珠子胡同2號。始建年代不詳。一間殿。供奉
五聖。民國十八年（1929年）寺廟人口登記時有福耀1人。

五聖祠

三聖祠

【調查記録】

無

地址：内一區北總布胡同内小羊宜賓胡同十六號

注　三聖祠位于内一區北總布胡同内小羊宜賓胡同16號。始建年代不詳。坐西朝東，有山門和一間殿。供奉關帝、馬王、財神。

三聖祠山門

關帝廟

【調查記録】

無

地址：内一區草廠胡同十五號

注 關帝廟位于内一區草廠胡同15號。始建年代不詳。一間殿，當街
廟。供奉關帝。

關帝廟

文昌關帝廟

【調查記録】

無

地址：內一區西觀音寺十四號

注 文昌關帝廟位于內一區西觀音寺14號。建于清道光八年（1828年）[1]。坐北朝南，廟內建築有關帝殿3間及配殿、配房共21間。供奉關帝及周倉、關平。民國十八年（1929年）寺廟人口登記時有昌啟等2人。時為北平特別市市立第三十一小學校。

文昌關帝廟全部平面圖

原圖比例尺：1：400

原圖單位：米

原圖尺寸：縱22.1、橫15厘米

[1] 北京市檔案館：《北京寺廟歷史資料》，北京：中國檔案出版社，1997年。

文昌關帝廟廟門

文昌關帝廟關帝殿

文昌關帝廟配房1

文昌關帝廟配房2

觀音寺

【調查記録】

無

地址：内一區西觀音寺二十號

注　觀音寺位于内一區西觀音
寺20號。建于明弘治年間
（1488～1505年），清嘉慶年
間（1796～1820年）重修[1]。
坐北朝南，寺内建築有關帝
殿、大覺殿、大悲觀音寶殿
等。供奉十一面觀音。民國
十八年（1929年）寺廟人口
登記時有寬然1人。

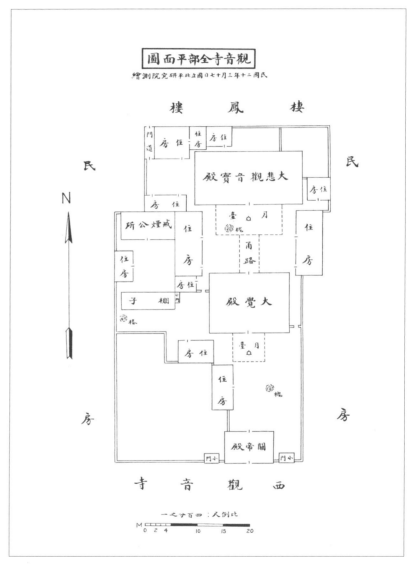

觀音寺全部平面圖

原圖比例尺：1∶400

原圖單位：米

原圖尺寸：縱26.8、橫18.5厘米

［1］　北京市檔案館：《北京寺廟歷史資料》，北京：中國檔案出版社，1997年。

觀音寺山門

觀音寺大殿

觀音寺觀音像1　　　　　　　　　　觀音寺佛像1

北平研究院

北平廟宇調查

資料匯編【內一區卷】

觀音寺觀音像2

觀音寺佛像2

觀音寺壁畫

泰山庵

【調查記録】

無

地址：内一區新開路二十五號

注　泰山庵位于内一區新開路25
號。建于光緒十七年（1891
年）[1]。庵内建築有房
屋3間。民國十八年（1929
年）寺廟人口登記時有覺福
（女）1人。

泰山庵殿堂

泰山庵正門

［1］　北京市檔案館：《北京寺廟歷史資料》，北京：中國檔案出版社，1997年。

緣慶寺

【調查記録】

無

地址：内一區北極閣十一號

注 緣慶寺位于内一區北極閣
11號。始建于清，清乾隆
十五年（1750年）、道光
十七年（1837年）兩次重
修[1]。坐北朝南，寺内
建築有山門、前殿3間、
後殿3間。民國十八年
（1929年）寺廟人口登記
時有包世杰1人。

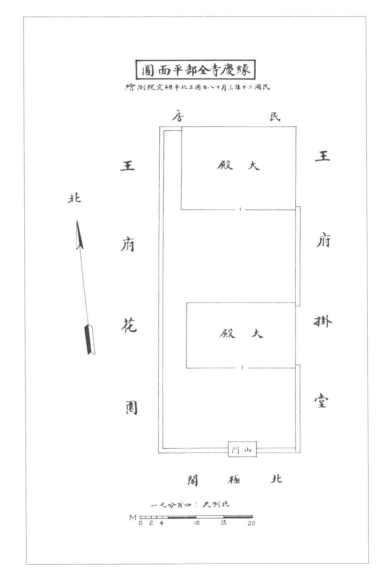

緣慶寺全部平面圖
原圖比例尺：1：400
原圖單位：米
原圖尺寸：縱25、橫15厘米

[1] 北京市檔案館：《北京寺廟歷史資料》，北京：中國檔案出版社，1997年。

緣慶寺山門

緣慶寺外墙（與怡親王府相鄰）

緣慶禪林及恒吉寺碑記
清道光十七年（1837年）刻
拓片縱135、橫48厘米

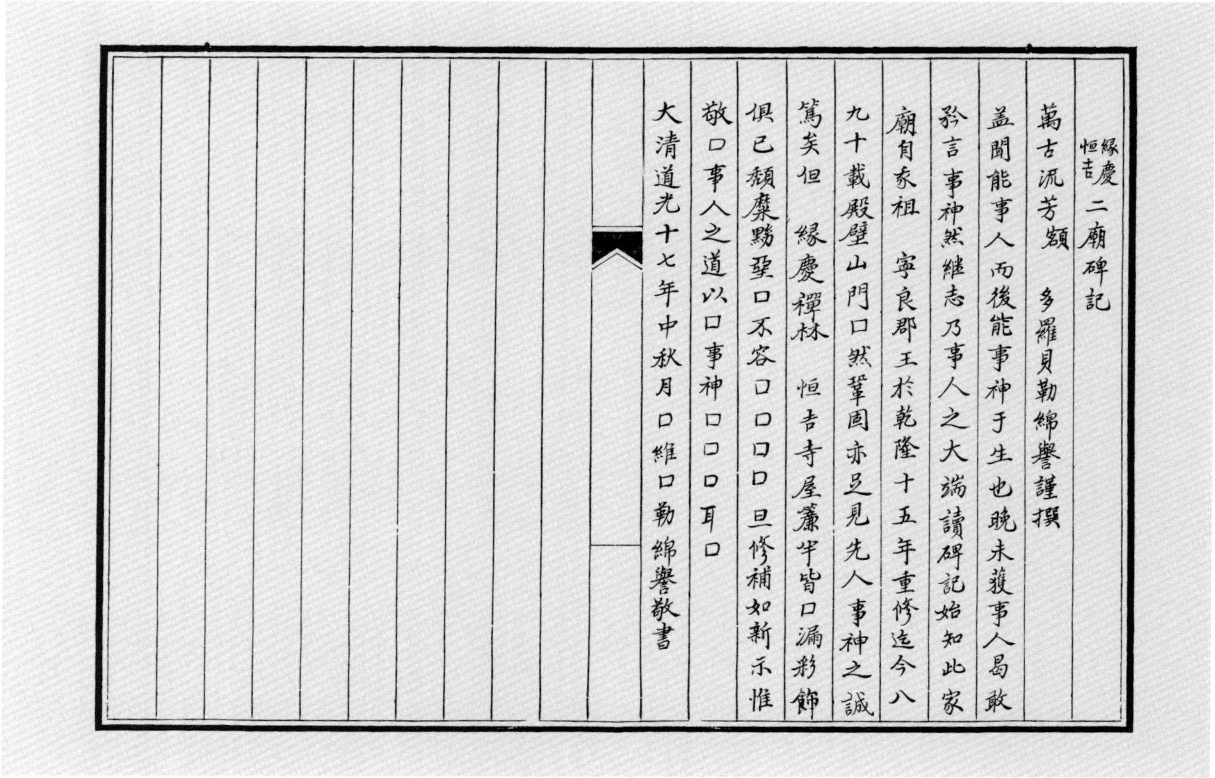

縁慶
恒吉 二廟碑記

萬古流芳　額　多羅貝勒綿譽謹撰

蓋聞能事人而後能事神于生也晚未嘗事人曷敢

矜言事神然繼志乃事人之大端讀碑記始知此家

廟自泰祖　寧良郡王於乾隆十五年重修迄今八

九十載殿壁山門口然輩固亦呈見先人事神之誠

篤矣但　緣慶禪林　恒吉寺屋簷半皆口漏彩飾

懼已頹糜黝堊口不容口口口口旦修補如新不惟

敬口事人之道以口事神口口口耳口

大清道光十七年中秋月口維口勒綿譽敬書

緣慶禪林及恒吉寺碑記錄文

火神廟

【調查記録】

無

地址：内一區火神廟十二號

火神廟山門

注　火神廟位于内一區火神廟12號。建于清光緒
　　二十九年（1903年）[1]。有山門、火神殿。供奉
　　火神。民國十八年（1929年）寺廟人口登記時有
　　趙潤淇1人。

火神廟火神殿

---

[1]　北京市檔案館：《北京寺廟歷史資料》，北京：中國檔案出版社，1997年。

小土地廟

【調查記録】

無

地址：内一區東單小土地廟胡同對面

注 小土地廟位于内一區小土地廟胡同对面。始建年代不詳。當街
廟，廟似大龕。供奉土地夫婦。

小土地廟

三聖祠

【調查記錄】

無

地址：內一區西觀音寺六十一號

注 三聖祠位於內一區西觀音寺61號。建於清咸豐年間（1851～1861年）[1]。祠內建築有三聖殿、重閣。供奉關帝、魯班、藥王、喜神。

三聖祠山門

［1］ 北京市檔案館：《北京寺廟歷史資料》，北京：中國檔案出版社，1997年。

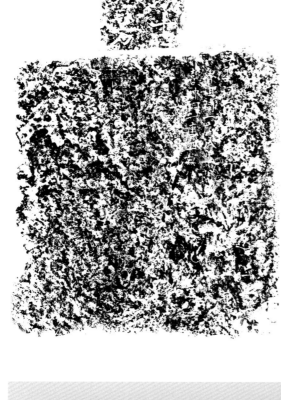

三聖祠創修碑

拓片縱66、橫44厘米

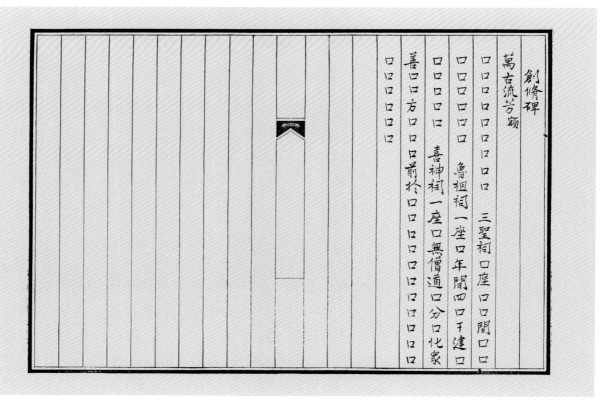

創修碑

萬古流芳額

□□□□□□□　三聖祠□座□□間□□

□□□□□□

□□□□□　魯祖祠一座□年間四□千建□

喜神祠一座□無僧道□分□化象

善□□方□□□前於□□□□□□□

□□□□□

三聖祠創修碑録文

土地廟

【調查記録】

無

地址：侯位胡同十三號

注 土地廟位于内一區侯位胡同13號。始建年代不詳。當街廟。供奉
土地。

土地廟廟門

呂祖觀

【調查記録】

無

地址：内一區范子平胡同十七號

注 呂祖觀位于内一區范子平胡同17號。始建年代不詳。坐北朝南，觀内建築有送子娘娘殿及東西配房。供奉呂祖、送子娘娘。

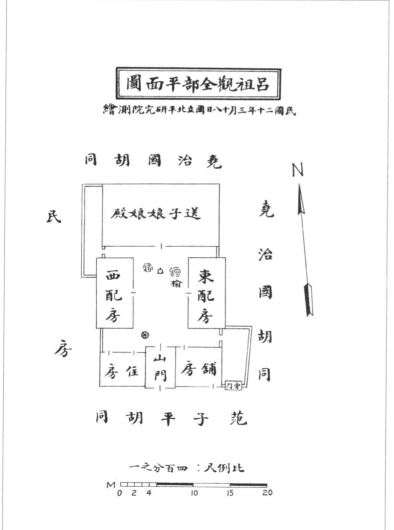

呂祖觀全部平面圖

原圖比例尺：1：400

原圖單位：米

原圖尺寸：縱18.8、横12.5厘米

呂祖觀山門

呂祖觀送子娘娘殿

永安宮

【調查記錄】

無

地址：內一區泡子河十五號

注 永安宮（呂公祠、呂祖廟）位于內一區泡子河15號。建于明成化年間（1465～1487年）。明嘉靖（1522～1566年）中錦衣千戶陸檜重修，名純陽呂公祠。明萬曆四十一年（1613年）賜名護國永安宮[1]。坐北朝南，祠內建築有呂祖殿、老君殿、觀音殿、文昌殿、娘娘殿、關帝殿、靈官殿。供奉呂祖、太上老君、地藏、觀音、文昌、娘娘、關帝及周倉、關平、靈官。

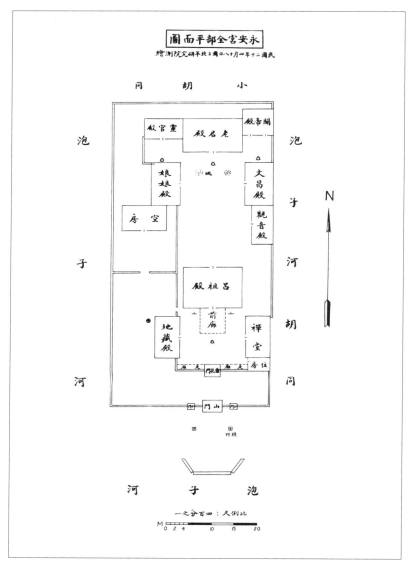

永安宮全部平面圖

原圖比例尺：1：400

原圖單位：米

原圖尺寸：縱32.1、橫18.9厘米

[1] 許道齡：《北平廟宇通檢》，北平：國立北平研究院，1936年。

永安宮山門

永安宮全景

永安宮老君殿

永安宮垂花門及吕公堂匾

永安宮吕公堂匾

永安宮太上老君像

永安宮關帝及周倉、關平像

永安宮財神像

永安宮壽星像

永安宮造像

清規刻石

拓片 縱68、橫68厘米

清規刻石録文

重修純陽呂公祠記（陽）

明嘉靖三十二年（1553年）刻

拓片縱180、橫84厘米

重修純陽呂公祠記（陽）

重修純陽呂公祠記

重脩純陽呂公祠記額

大都之下富麗宏侈市廛交集車塵馬跡紛華萬□

大抵城廣則然也兩水村花□邐□樓□如□

□□蓋不多得都城東隅有陳地焉曲徑旁通一□

□□春柳秋蘆水鄉村落真山隱也昔成化初有客

過而嘆焉此地幽僻當立仙祠則境愈勝而祀□

□□□人以客□廼立　純陽呂公祠奉祀弘治

改元中使宋君□□□□歳久漸□□□□陸君

□石君率諸鄉士復加修擧起堂立廟拓基增節

永及廼有　錦衣千兵陸君檜復捐俸大肆充廣□

□門垣增□等固以磚石莩以名額煥然更新與昔

頓異夫以一祠而屢更創修雖出諸君一念之誠然

非□陽默□□□不何致感格之神如此神以地而

依地以神而勝昔人之言其有数乎因嘗考公唐之

關右人咸通中擧進士不□值葸亂攜家隱終南

山絶世辟穀三十年始得道尤精劍術能詩文古隱

君子也東坡□□□□四先生以公變易形體

禍祥字内歴宋元以來往往人或見之雖隱顯出没

不可測然未嘗假之以□□□□□生於邯鄲道中

重修純陽呂公祠記（陽）錄文1

黄粱瞬息百年□林之機足以化貪破愚真有道之

見固不可以黄冠□□□□□奉祀夫

豈偶然耶是擧也□直嘉靖庚戌落成於癸丑春首

起正堂三間抱廈一間□□□□□出費鳩工三間祠

門一間其　神像侍徔則仍舊□名錄其姓氏於

士□□□□多矢□□倫□□□□於

碑陰□□公雖仙遊八極無地不寓而境幽人傑盡

東南□□□□舍也誠精則神□□□則

名遠諸君□將□斯石□之不朽矣予因陸君輩戴

文不能□□□□□□□□□□

□嘉清□□□夏四月上旬前　奉直大夫協正庶□□

重修純陽呂公祠記（陽）錄文2

重修純陽呂公祠記（陰）

拓片縱187、橫84厘米

碑陰　萬古流芳　額

呂公祠義會　信官　孫志　彭鈇　信士　李正

楊華　助緣信官杜承緒　趙殿　金俞　高恩

張秀　吳口　黃春　劉卿　鮑節　信士　張欽

陶瀾　沈宏　陳漢　徐栢　周應元　朱欽　王

俊　沈恂　莫寧　馬玉、嚴龍　張瓊　徐偉

魏麟　魏經　華潤　江春　朱禮　盛宗　韓盛

杜欽　耿霽　口霽光　吳植　于口　杜永喜

沈大章　金昂　李耀　顧盛　黃慶　李隆　譚

相　王銳　楊昻　張軒　李印　口定　林珊

紀逵　江文學　邢福　楊安　王鐸　王桂　郭

昆盛茂　王武　李成　增口　殿昇　馬良　張樂　祥

王世昆　劉連　鄒進　蔡敦　魚粢　馬良　張樂

鐸　張弘縉　張炳　李輔　李潤　郭信　紹祥

魏棠　宋惠　張口緒・張兀濟　陳蒙　李廣

徐守約　郭寧　張弘紳　葛俊　龔承恩　李倫

郭柰　沈漢　沈英　謝寧　李辮　王俊　口佩

口隴　王祿　陸義　常福　王鴻　張弘綱

滕高相　吳其瀾　田孔章　張寧　馮相　張濮

田鍾　石文　陳岳　謝義　張子正　陸忠　周銘

重修純陽呂公祠記（陰）録文1

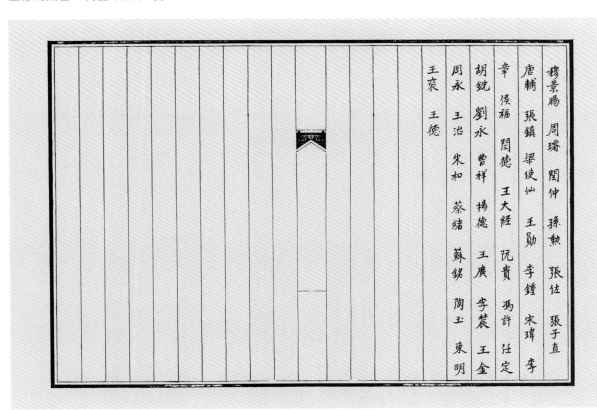

穆景暘　周璿　閻仲　孫勳　張佐　張子直

唐輔　張鎮　梁使仙　王勛　李鍾　宋瑋　李

章侯福　劉永　曹祥　楊德　王廣　李蓑　王金

胡銳　閆德　王大經　阮貴　馮許　任定

周承　王治　宋和　蔡緒　蘇銘　陶玉　東明

王袞　王德

重修純陽呂公祠記（陰）録文2

重修純陽呂公祠碑記
賜進士出身嘉議大夫禮部右侍郎兼翰林院侍讀學士協理詹事府事教習庶吉士前右春坊右庶子記注
起居管理　誥勅吳郡顧秉謙撰文
賜進士第奉政大夫右春坊右庶子兼翰林院侍讀管理　誥勅充　東宮講讀官眉山王毓宗篆額
特進榮祿大夫左柱國少保兼太子太保掌後軍都督府事兼管右府印務英國公古下張惟賢書丹
都城之巽方有純陽呂公祠地最勝星臺峙其北水鑑瑩其南曲徑通幽遠山擁秀真仙靈所棲也祠建成化初年其間修舉不一嘉靖中有錦衣
千戶陸君檜捐貲樂助擴舊宇而一新之歷六十年為萬曆壬子
上允講道經周全真之請頒降帑金葺治而復有錦衣千戶陳君紀仰助不亞于陸君檜遂以四十二年甲寅工竣具奏
勅賜護國永安宮命韓靜慎永守香火陳君偕住持屬記於余余誦法孔子雅不好神仙異道然惟孔子浮雲富貴仙家蟬蛻塵其旨固自不殊而純
陽公靈道妙應若與余有夙緣者余己卯試南都謁請公公贈詩曰揚鞭策馬上瀛洲秋夜應登南華樓是秋果舉於鄉壬辰春余與數子會文於
公之祠齋心祈夢夢得三鴨鴨者甲也果登甲三人而余以落第歸又三年乙未復會文於公之祠又祈夢夢又得三鴨余與王杜二君同舉果亦
三人焉余辱改庶吉士入翰林則與上瀛洲之句又如執券余故謂公若有夙緣也迄今二十年余且叨陪邦禮為庶常師回視昔年會文祈夢時
恍焉如昨余因有慨于世之巍科膴仕烜赫一時以大快其心志者是惟未得之則若燬然一得之而猶嚼蠟矣及其稍稍粘戀而損名玷節則猶
之乎酖毒矣昔公遇盧生于邯鄲道中黃粱一飯瞬息百年夢覺之關一言點化即成大道乃知漂浪愛河流吹慾海為塵緣所汩者夢境也不離
塵緣而自有一段灑然脫然之思者覺境也覺境即仙境也夢為鳥而飛於天夢為魚而沉於淵方其夢也不知其夢也覺而後知其夢也余惡知
昔之祈夢者為非夢而今之非夢者為真夢耶余今乞身歸里自放于山煙水月之間庶幾邯鄲夢後覺萬境皆虛不必謁公之祠瞻公之像猶泠
然御風矣若公神遊八極無在無不在是祠也而果足為公之道遂哉祠有正殿三間文昌殿三間老君殿五間東配殿三間西配殿三間山門三
座垂華門三座道房全備重新棟宇者前有錦衣陸後有錦衣陳而皆當癸丑甲寅之歲六十年氣運一轉若成數云雖然一丸在爐一局爛柯六
十年新故迭還亦一夢也余欲脩身外之身先覺夢中之夢遂不辭而為之記者
[illegible]一[illegible]歲在[illegible]孟春吉旦

重修純陽呂公祠碑記（陽）

明萬曆四十一年（1613年）刻

拓片縱206、橫85厘米

重修純陽呂公祠碑記（陽）錄文1

重修純陽呂公祠碑記

重修護國永安宮碑記額

賜進士出身嘉議大夫禮部右侍郎兼翰林院侍讀
學士協理詹事府事教習庶吉士前右春坊掌坊事
右庶子記注 起居管理 誥勅吳郡顧承謙撰文

賜進士第奉政大夫右春坊右庶子兼翰林院侍讀
管理 誥勅充 東宮講讀官眉山王媺宗篆額

特進榮祿大夫左柱國少保兼太子太保下張惟賢書丹

督府事兼管右府印務英國公古下□□□□都

都城之巽方有純陽呂公祠地最勝星臺峙其北水

鑑瑩其南曲径通幽遠山暎秀真仙靈兩樓也祠建

成化初年其間修舉不一嘉靖中有錦衣千戶陸君

檜捐赀樂助擴舊宇而一新之曆六十年為萬曆壬

子上元講道經周全真之請須降帝金茸治而復

有錦衣千戶陳君紀卿助不亞于陸君檜遂以四十

二年甲寅工竣具奏 勅賜護國永安宮命韓静慎

永守香火陳君偕住持屬記於余余誦法孔子雅不

好神仙異道然惟孔子浮雲富貴仙家蟬蛻根塵其

吉固旨不殊而純陽公靈通妙應若與余有夙緣者

余己卯試南都夢請公公贈詩曰揚鞭策馬上瀛洲

重修純陽呂公祠碑記（陽）錄文2

秋夜應登南華樓是秋果舉於鄉壬辰春余與數子

會文於公之祠齋心祈夢夢得三鴨鴨者甲也果登

甲三人而余以落第歸乙未復會文於公之

祠又祈夢夢又得三鴨余與王杜二君同鄉果亦三

人焉余尋改庶吉士翰林則與王瀛洲之句又如

執券余故謂公若有夙緣也迄今二十年余且叨陪

邦禮為庶常師四視昔年會文祈夢時悅焉如昨余

因是惕于世之巍科膴仕烜赫一時以大快其心志

者惟未得之則若嫣然一得之而猶嚼蠟矣及其

稍稍粘戀而損名玷節則猶之乎酖毒矣昔公遇廬

生于邯鄲道中黄粱一飯瞬息百年夢覺之關一言

點化即成大道乃知漂浪愛河流吹愁海為塵緣所

汩者夢境也不離塵緣而目有一段瀟然脫然之思

者覺境也覺境即仙境也夢為鳥而飛於天夢為魚

而沉於淵方其夢也不知其夢也後知其夢也

余惡知昔之祈夢者為非夢而今之非夢者為真夢

耶余令包身放於山煙水月之間庶邯鄲

夢後覺萬境皆虛不必謁公之祠瞻公之像猶泠然

御風矣若公神遊八極無在無不在是祠也而果足

為公之逍遙我祠有正殿三間文昌殿三間老君殿

奏請過講道經全真法師周玄貞

監管重修錦衣衛西司房理刑千户陳紀

長男陳儒曾

次男陳儒孟　本宮裝修香火道士韓靜慎

徒弟宗真德

徒孫趙常存

重修純陽吕公祠碑記（側）

拓片縱170、橫36厘米

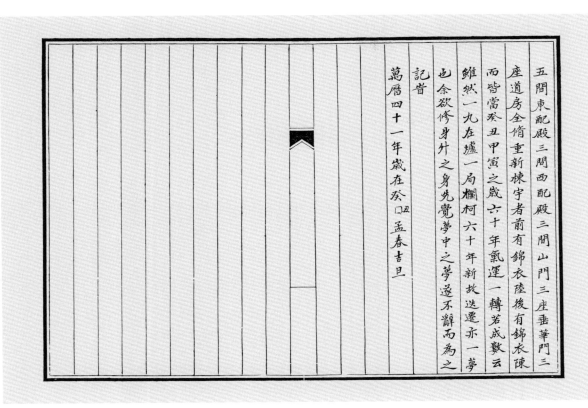

五間東配殿三間西配殿三間山門三座垂華門三
座道房全備重新棟宇者前有錦衣陸後有錦衣陳
西皆當癸丑甲寅之歲六十年氣運一轉若成數云
雖然一九在爐一局欄柯六十年新故迭遷亦一夢
記昔此余欲修身外之身先覺夢中之夢遂不辭而為之

萬曆四十一年歲在癸丑孟春吉旦

重修純陽呂公祠碑記（陽）録文3

碑側

奏請過講道經全真法師周玄貞監管重修錦衣
衛西司房理刑十戶陳紀長男陳嶠曾本宮焚修香
火道士韓靜慎徒弟宗真德徒孫趙常存次男陳嶠孟

重修純陽呂公祠碑記（側）録文

智化寺

【調查記録】

智化寺，禄米倉門牌二號。

智化寺興建年月不可考，惟《日下舊聞考》引《明典匯》有"天順元年四月詔復王振官，刻木為振形，招魂以葬，塑像智化寺北祠"之語，當是天順前已有是寺。

山門南向，已堵閉不通。石額"敕賜智化寺　正德九年□月初九日"。左右石獅二。山門內有殿一間（第一層），無佛像。東鐘樓一，已堵塞。詢之，上懸銅鐘一，年月不悉，大約明時物。西鼓樓一，亦堵塞。仰視鼓已殘破。

北殿三楹（第二層），額曰"智化寺"，是為天王殿，內供彌勒佛一尊，木像。左右四大天王、哼哈二將，六像均泥塑。鐵爐一，"正德九年造"。鐵磬一，無字。後有泥塑韋馱一。鐵五供一分，"康熙五年造"。殿左碑一，"敕賜智化禪寺報恩之碑"，額篆同上，"大明正統九年九月初九日，佛弟子□□□□□"。陰無。又殿右碑一，橫置地上，上面無字，似為碑陰，拓時移動。殿之東西各有北房四間。

再北有殿三楹（第三層），額曰"智化殿"。內供三大士三尊，木像金身。小佛二。左右羅漢十八尊。達摩二。後，南海大士一尊，童二。像均泥塑。聯曰："花是空空是花散花皆空知來去已超三劫；佛即性性即佛見性成佛觀現在不外一心。光山胡鈺敬題并書。"大鼓二。大銅鐘一，上鑄梵漢合璧經文，"大明嘉靖十一年四月吉日製造"。叩之，其聲清越。殿之東西，各有北房三間。東配殿三間，木額"大智殿"，內正供觀音、左文殊、右普賢三大士三尊，分騎獅、象、吼。南有三官三尊，又小佛三。北有地藏菩薩一尊。以上各像均泥塑。黃琉璃爐一。鐵磬一，無字。圓形鐵爐一，"正德九年造"。殿之南北各有東房三間。西配殿三間，木額"藏殿"，內有千佛藏一座，塔形，高可丈許，木質，八面，刻工細，人物花鳥如生。白玉石座，刻尤工。每面四十五格，每格抽匣一，前曾置大藏經典，今已無存。每格刻佛像一，用千字文編列其上，前有小木釋迦佛一尊，小圓形鐵爐一。南供達摩三尊，泥塑。北供銅釋迦佛一。圓形鐵爐一，"萬曆年造"。殿之南北，各有西房三間。

後有殿三楹（第四層），木額"如來殿"，內供如來佛一尊，泥塑金

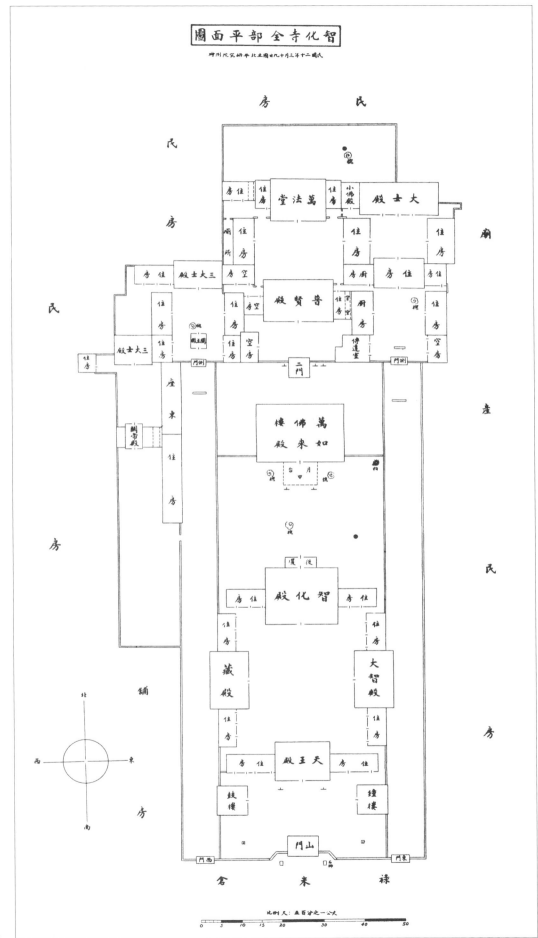

智化寺全部平面圖

原圖比例尺：1：500

原圖單位：米

原圖尺寸：縱46.3、

　　　　　橫25.5厘米

身，莊嚴，連座高約丈五。左右立像二，高丈許，泥塑，工細。小泥、木佛各一。小木牌樓五，工細。木長方爐一。鐵花瓶二。大鐵磬一，"弘治十年四月造"。如來佛之左，碑一，額篆"皇帝聖旨"，文之大意係刊印大藏經典，頒賜天下，以一藏安置智化寺永充供養，勿許私借、褻瀆、損壞、遺失，違者究治。"天順六年十二月十五日"，圖章為"敕命之寶"。陰無。東西經櫥二，高約丈二，長約三丈，隨牆形勢製造，刻工極細，惟經卷無存。大鼓一，徑約四尺餘。又泥塑藏佛四尊。三壁均係木製小龕，每小龕內均有小泥佛一，金身，計約萬尊。上有閣，木額"萬佛樓"。樓上供三大士三尊，木像金身，左像刻工極細。小泥、木佛多尊，三壁小龕及小佛同樓下如來殿。鐵磬一，"大清光緒八年七月初一日，智化寺萬佛閣"。圓形鐵爐一，"正德九年造，智化寺常住"。又鐵爐二，年月同上。小鼓六。大鐵磬一，"萬曆十六年孟冬吉日造"。殿前大鐵寶鼎一，"大明萬曆二十八年孟春正月吉日造"。連座高約八尺。古槐三株，古柏一株，井一。如來殿左右各碑一，無字。西南隅大鐵鐘一，高六尺許，上鑄佛經，"大明成化二年龍集丙戌孟夏"。東有小東房二間。萬佛樓後，北牆下，碑一，"敕賜智化寺□□□"，篆額磨滅，"大明弘治十六年歲在甲子四月"。字多脫落。陰無。又碑一，額篆"皇明恩典"，上刻閹官王振像，"天順己卯秋重陽日，敕命繼嗣香火僧錄覺義、智化住山旌孝、然勝拜手頓首述錄"。陰無。所述大略係北征時將士傷亡過眾，無功而還，遂以身殉。又碑一，額篆"諭祭"，"成化十一年"。陰，臨濟正傳宗派偈"妙德凝然常覺性，真如智慧本圓明；弘宗輔法隆慈濟，嗣祖傳心道大興。成化八年龍集壬辰孟夏佛降誕日，授廣善威壇宗師兼智化寺第二代住持常欽、第三代住持性道"。

北為普賢殿三楹（第五層），木額曰"雲依法界。顯親王題"。內供千手佛一尊，木像金身，連座高六尺。聯曰"覺路煥金繩咸欽兩足；迷津新寶筏普渡三摩"。鐵磬一，小泥、木佛十餘尊。又東西供小泥、木佛十四尊。木刻諭祭文一方，裝鏡，係遣禮部員外郎于懋諭祭于僧錄司左講經然勝，"成化十一年歲次乙未七月戊申朔二十二日己巳"。西小房二間，東有槐一株。

又北為萬法堂三楹（第六層），木額"萬法堂。大清嘉慶二十一年歲次丙子七月吉日穀旦烏永阿、誠祥沐手敬獻"。聯曰"心欲小傲不可長，志欲大樂不可極，薄味養性，守心養道；言有教德莫若讓，動有法居莫若儉，善身為靜，却言為信。信士烏永阿、誠祥題。住持僧□仁"。東西配房各三間，為學校教室，西北隅有北房三間，住房。萬佛樓東有跨院一，北房三間，耳房各二間，為禪堂。內有木額曰"如是觀。丁丑春日汪由敦題"。東西配房各三間，又各東西房二間。後有北殿三間，為大士殿，木額"無上能人"，聯曰"震旦普薰燈宏開妙覺；兜羅看象界共證菩提"。內供三大士像三尊，左右各三佛，

北平研究院
北平廟宇調查資料匯編【內一區卷】

〇六八

均在龕內，木像金身，鐵燭扦二，鐵花瓶二，仿龍泉磁爐一，小鐵鐘一，小泥、木佛七十餘尊。東西配房各三間。萬佛樓西有跨院一，前殿一間，為關帝殿，供關帝小泥塑像一，小馬一，泥塑。北殿三間，為三大士殿，內龕高約八尺，長約丈二，刻工細，內供三大士三尊，木像金身。童二，木像。又小泥、木佛七尊，木五供一分。東西配房各五間。院內槐二，棗一，西北隅有北小房三間，再西又有跨院一，東房七間，北殿一間，為關帝殿，木額"聖壽無疆。道光乙未"。內供關帝一尊，童二，木像金身，供龕內。龕甚佳，工細，上圓下方，與天壇形同。後韋馱一，木像。磁爐一。後有北殿三間，內供三大士小銅像三尊，左右各有小木佛像三尊。東，銅小佛三，關帝一，周、關侍立，馬童各二，均泥塑。南海大士一尊，木像。西，銅小佛二，鐵五供一分，"嘉慶七年造"。鐵磬一，"乾隆元年八月十五日東四牌樓北十條胡同白衣庵供奉"。小鐵鐘一。東房六間，西房二間，院內古槐一，椿一。禪堂之西廚房內，供少林派祖師一，木像，額曰"監齋大士"，聯曰"少林顯化神通大；能擋洪軍百萬兵"。此廟各殿瓦均黑色，按例凡有軍功殉難者方照此建築。

現在住持普遠，嗜好甚深，鴉片、賭博等，足以將廟產蕩盡，以致殿宇年久失修，多有傾圮之虞不顧也。所有貴重之物，逐漸私售，長此以往，此廟真不堪設想矣。

注 智化寺位于內一區祿米倉2號。明正統八年（1443年）建，為司禮監太監王振的家廟，後賜名報恩智化寺。坐北朝南，山門石門額上書"敕賜智化寺"。原有五進院落，寺內建築有鐘鼓樓，天王殿，智化殿及東西配殿（大智殿、藏殿），萬佛閣，如來殿，二門，普賢殿，萬法殿，大士殿，關王殿，三大士殿，關帝殿等。主要建築均為黑琉璃瓦頂。民國十八年（1929年）寺廟人口登記時有普方等8人。

智化寺山門

智化寺天王殿

北平研究院

北平廟宇調查

資料匯編

【内一區卷】

智化寺鼓樓

智化寺智化殿

智化寺藏殿轉輪藏

智化寺如來殿萬佛閣

智化寺普賢殿

智化寺萬法堂1

智化寺萬法堂2

智化寺大士殿

智化寺配殿1

智化寺配殿2

智化寺配殿3

北平研究院

北平廟宇調查資料匯編【内一區卷】

智化寺配房

智化寺側門

智化寺東門

智化寺井口天花

智化寺跨院

智化寺如來殿萬佛閣佛像1　　智化寺如來殿萬佛閣佛像2　　　智化寺如來殿萬佛閣佛像3

智化寺如來殿小龕內佛像

智化寺如來佛　　　　　智化寺如來佛左右立像1　　　　　智化寺如來佛左右立像2

北平研究院

北平廟宇調查資料匯編【內一區卷】

智化寺三世佛

智化寺關帝像

智化寺南無大悲觀音菩薩像

智化寺千手佛

智化寺須彌座

智化寺如來殿前寶鼎

智化寺銅鐘1

智化寺銅鐘2

智化寺如來殿內皇帝聖旨碑

智化寺王振像碑

旌忠祠記碑

明天順三年（1459年）刻

拓片縱139、橫68厘米

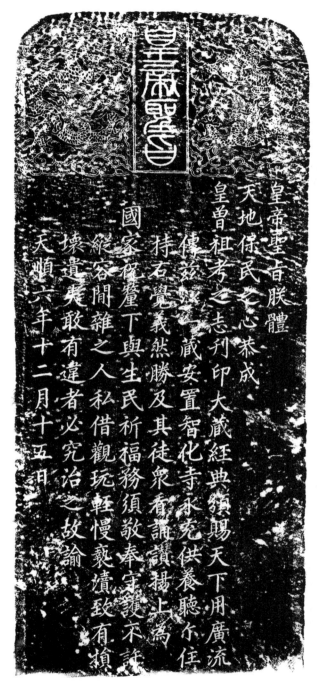

皇帝聖旨朕體
天地保民之心恭成
皇曾祖考之志刊印大藏經典須賜天下用廣流
傳茲敕安藏智化寺永充供養聽所住
特石覺義然勝及其徒眾看誦讀揚上為
國家祈福務須敬奉守護不許
縱容間雜之人私借觀玩輕慢褻瀆致有損
壞遺失敢有違者必究治之故諭
天順六年十二月十五日

聖旨碑（陽）
明天順六年（1462年）刻
拓片縱122、橫54厘米

聖旨碑（陰）
拓片縱122、橫54厘米

鐵鐘經咒文

明成化二年（1466年）造

拓片縱324、橫162厘米

諭祭木鏡題字（刻版）
明成化十一年（1475年）刻
拓片縱52、橫79厘米

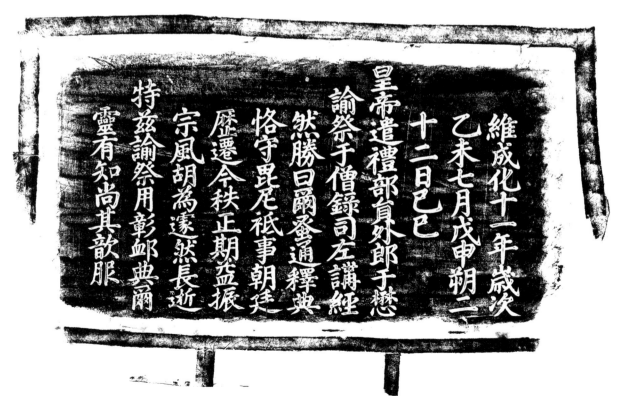

維成化十一年歲次
乙未七月戊申朔二
十二日己巳
皇帝遣禮部員外郎于戀
諭祭于僧錄司左講經
然勝曰爾蚤通釋典
恪守毘尼祇事朝廷
歷遷今秩正期益振
宗風胡為遽然長逝
特茲諭祭用彰卹典爾
靈有知尚其歆服

諭祭碑（陽）

明成化十一年（1475年）刻

拓片縱139、橫65厘米

諭祭碑（陰）

明成化八年（1472年）刻

拓片縱136、橫67厘米

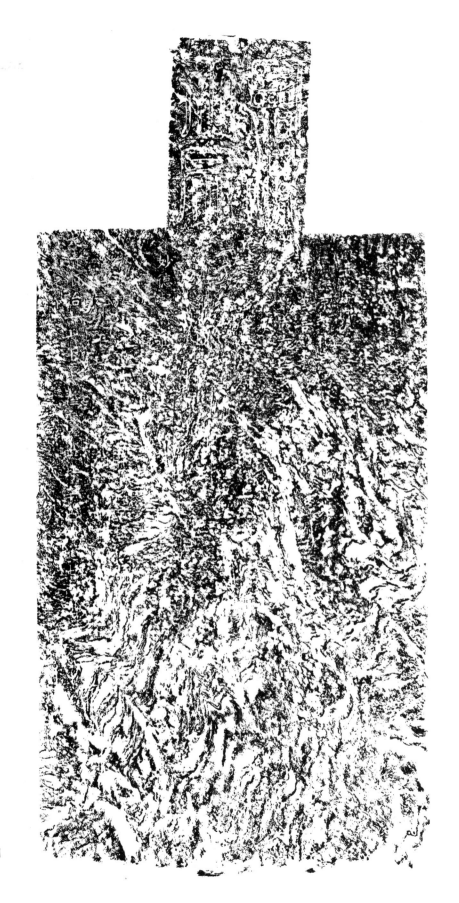

智化寺碑
清顺治十七年（1660年）刻
拓片縱151、横68厘米

二聖廟

【調查記録】

　　二聖廟，二聖廟門牌二十三號，地以廟得名。

　　山門南向，木額曰"二聖廟"。北殿三間已塌，僅餘無頭泥胎
二具，即關、岳也。此廟現歸常順管。

注　二聖廟位于内一區二聖廟23號。始建年代不詳。供奉關羽、岳飛。

二聖廟廟門

銅關帝廟

【調查記録】

銅關帝廟，大方家胡同一號。

山門南向，門内東西小房各一間，石額"銅關帝廟"。北殿一間，上部已塌。龕内正面供銅關帝像一尊，周倉、關平侍立，泥塑。小鐵鐘一，"康熙三十四年製"。小鐵磬一，"康熙三十二年製"。緑磁爐一。馬童各一，泥塑，已殘。鐵寶鼎一，"康熙元年孟夏製"。

西有北小房一間，古槐一株。

看廟人祥全。係蘇宅家廟。

注 銅關帝廟位于内一區大方家胡同 1 號。始建年代不詳。坐北朝南，山門石額上書"銅關帝廟"，一間殿，為蘇姓家廟。供奉關帝及周倉、關平。

銅關帝廟廟門

銅關帝廟正殿

銅關帝廟關帝像

土地廟

【調查記録】

　　土地廟，大方家胡同十八號。

　　山門西向，内小廟一間，木額曰"福德祠"。内供泥塑土地夫婦像二尊，泥童像六。鉛鐵爐一。鐵磬一，"同治九年六月立"。

　　富姓婦人管廟，歸水鈞韶。

注　土地廟位于内一區大方家胡同18號。始建年代不詳。山門西向，小廟一間。供奉土地夫婦。

土地廟山門

玄真觀

【調查記録】

玄真觀，南小街一一七號。

山門西向，石額"玄真觀"。山門過道木額"玄天大帝"。東殿三間，木額"微功必恩。同治甲子年孟冬吉日信士弟子景綸敬立"。前懸小鐵鐘一，"光緒八年重修"。龕内正供玄天大帝泥像一尊，泥童像二，左財神，右藥神，均泥塑，座高均約五尺。木五供一分。又童像六，泥塑。鐵磬一，"光緒八年重修"。又木爐一。

南北房各三間，現為住宅。院内古槐一株。

住持道士董永祥，傳龍門派。

注 玄真觀位于内一區南小街117號。建于明代[1]。山門西向，石門額上書"玄真觀"，有東殿3間，南北房各3間。供奉玄天大帝及財神、藥神。民國十八年（1929年）寺廟人口登記時有董永祥1人。

玄真觀山門

玄真觀正殿

[1] 北京市檔案館：《北京寺廟歷史資料》，北京：中國檔案出版社，1997年。

三義廟

【調查記録】

三義廟，芳嘉園四號。

山門南向，石額"三義廟"，内設玉記號坤鞋莊。

山門內西院為天源成衣局，南北小房各二間。東小院住宅，南北小房各二間。

山門內東，碑一，"重修三義廟碑記"，碑額篆書"三義廟碑"，"賜進士出身翰林院編修國史館纂修加三級張晋祺撰并書。大清咸豐八年歲次戊午二月穀旦道録司演法馬宜麟重泐石"。碑陰人名。

西面亦有碑一，"重修三義廟記"，碑額篆書"萬古流芳"，"□□五年歲次戊子季春之吉"。碑陰無。

二門過道。東西房各一間。

北殿三楹，木額曰"義重桃園。光緒乙丑荷月穀旦延齡等重修"。聯曰"義存漢室三分鼎；志在春秋一部書"。又聯曰"萬物靜觀皆自得；五湖煙景有誰争"。內供劉、關、張泥塑像，甚完好，面目如玉，座高約五尺。木主"東嶽天齊仁聖大帝威權自在天尊"，聯曰"一部麟經續尼山之大道；千秋漢鼎振魯國之名區"。

鐵磬一，"民國庚申年四月初一日立"。前懸小鐵鐘一，"戊午年七月立"。大寶鼎一，"民國九年歲次庚申四月吉日造"。

東西配房各三間。東北及西北兩隅各有北小房二間。

現歸東廠劉教明家廟。項九齡管。

注　三義廟位于内一區芳嘉園4號。建于清初，清順治五年（1648年）、咸豐七年（1857年）、光緒十五年（1889年）重修。坐北朝南，廟內建築有過廳、三義殿。供奉劉備、關羽、張飛塑像，以及東嶽大帝。為劉姓家廟。

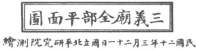

三義廟全部平面圖

繪測院究研平北立國日一十二月三年十二國民

三義廟全部平面圖

原圖比例尺：1：400

原圖單位：米

原圖尺寸：縱19.6、橫13厘米

民 房

民 住房 三義殿 住房 民

民 住房 住房 民

房 住房 過廳 住房 房

房 住房 住房 房

房 住房 山門 住房

園 嘉 芳

比例尺：四百分之一

M 0 2 4 10 15 20

三義廟山門

三義廟二道門

三義廟三義殿

三義廟劉備、關羽、張飛像

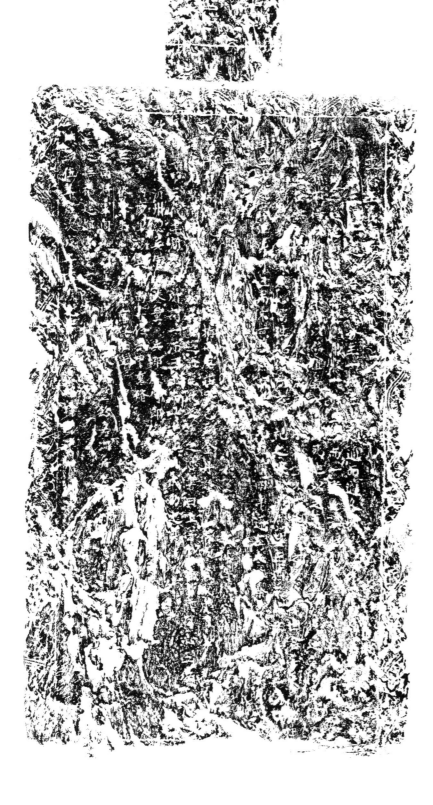

重修三義廟記

清順治五年（1648年）刻

拓片縱134、橫69厘米

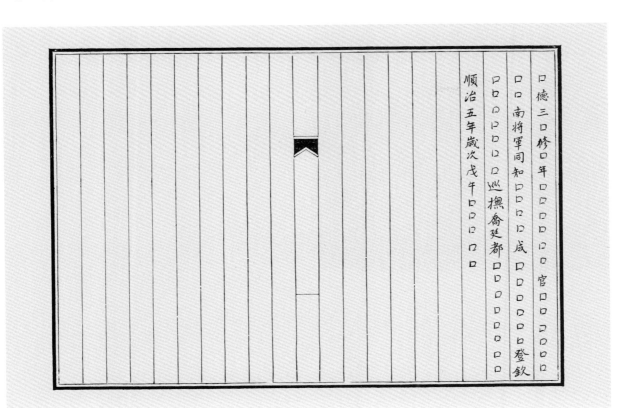

重修三義廟記録文1

重修三義廟記
萬古流芳額
常聞□三聖道分合□全方主一致三□□通兩
通□□□□□□□□□□□□□□西
時義□□□遠時□□地□□重□□□
□□□□□□□地□□□兩一
有孫□□□□□□□□以□□義□□死□以
之□□□□昭□□□□□□夏□□住
連吳昭烈□□□□分三□□三分天□
□□□昭□□□□□□□□□□□□
弟慊□□□□□□無□□尚□□
□□□度通□□□□□□成心臣往□□□
□□弗德吳臣□□□□三□之店□三□
□□可三兩不可□□成元益順□□
在人□□□□□□明成□□□□□□愚
心苦曰五帝□□□□□□□□羡鳩□□搆
□□□□□□□碧金丹龍□□虞□□□祸
三代書冊□□□川□一兩三□□傳□□□裕□□之
日 欽□□ 沂州總兵□□□童□□成功之
□□□□□□□□□□□□□總督□□軍務□□□□申重修

重修三義廟記録文2

□德三□修□年□□□□□□官□□□□
□□南將軍同知□□□成□□□□□□登欽
□□□□□□□□巡撫喬廷都□□□□□□□□□□
順治五年歲次戊午□□□□□□□

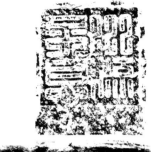

重修三義廟碑記

神何靈以人心而靈神何藉於廟以人之所敬神而不因有廟人知廟之所
以妥神而不知實所以警心也朝陽門内方家園舊有三義廟建自
國初歲久漸就傾圯道錄司演法馬宜麟住持斯廟謀所以鼎新之爰竭
己貲兼慕眾善經始於咸豐丁巳之孟春閱五月而落成榱桷煥然觀瞻
彌肅而晨鐘暮鼓所以警人之心者即於是乎在抑又思之
關帝廟祀徧天下未施敬而人敬之今奉三神合祀則不惟示天下以
敬而尤可示天下以義夫教人以敬敬勝急者吉教人以義義勝欲者從
既吉祖從善執大馬竊願人之瞻禮斯廟者念不忘夫敬義於以遜
神駸而迪祥庶無負區區締構之苦衷云爾是為記
　賜進士出身翰林院編修　國史館纂修加三級張晉祺撰并書
大清咸豐八年歲次戊午二月穀旦道錄司演法馬宜麟重泐石

樂善相修諸云姓氏烏勒洪頭

綿善祥　曾勤恩　張士俊
毓善　定善
宜振　傅世昌
瑞慶　松壽

重修三義廟碑記（陽）

清咸豐八年（1858年）刻

拓片縱148、橫64厘米

重修三義廟碑記（陰）

拓片縱90、橫63厘米

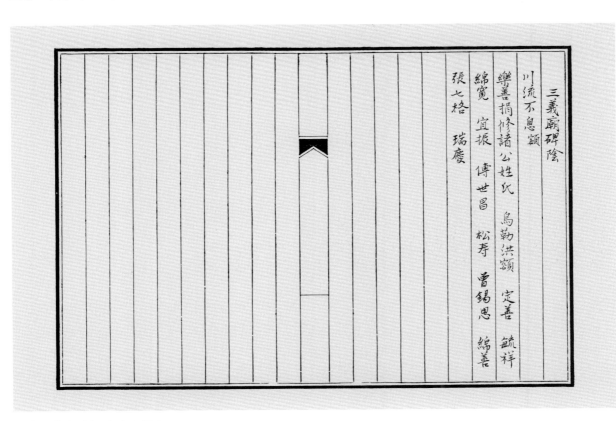

重修三義廟碑記（陽）録文

三義廟碑額

重修三義廟碑記

神何靈以人心而靈神何藉於廟以人心之敬神而

因有廟人知廟之所以妥神而不知實所以警心也

朝陽門內方家園舊有三義廟建自 國初歲久漸

就傾圮道錄司演法馬寶麟住持斯廟謀所以為

之爰竭己貲薰募眾善經始於咸豐丁巳之孟春閲

五月而落成棟楹煥然觀瞻彌肅而晨鐘暮鼓所以

警人之心者即於是乎在柳又思之 關帝廟祀所以

天下未施敬而人敬之今奉 三神合祀則不惟示

天下以敬而尤可示天下以義夫教人以敬勝怠

者吉教人以義勝欲者從既吾且從善執大馬竊

顧人之瞻禮斯廟者念念不忘夫敬義於以邀 神

鑒而迪庥祥庶無負區區繡橫之苦衷云爾景為記

賜進士出身翰林院編修 國史館纂修加三級

張晉祺撰并書 大清咸豐八年歲次戊午二月穀

旦道錄司演法馬宜麟重泐石

重修三義廟碑記（陽）録文

重修三義廟碑記（陰）録文

三義廟碑陰

川流不息額

樂善捐修諸公姓氏 烏勒洪額 定善 毓祥

綿寛 宜振 傅世昌 松壽 曾錫恩 綿善

張七格 瑞慶

重修三義廟碑記（陰）録文

雙關帝廟

【調查記錄】

雙關帝廟，本司胡同一號。

山門南向，前殿三間，中空無佛。後進北殿三間，現為織毯工廠，又西房二間。此廟現歸王府井大街王某管。

注 雙關帝廟位于内一區本司胡同1號。建于明代[1]。山門南向，有前後殿各三間。供奉雙關帝。民國十八年（1929年）寺廟人口登記時有富仁山1人。

雙關帝廟旁門

[1] 北京市檔案館：《北京寺廟歷史資料》，北京：中國檔案出版社，1997年。

雙關帝廟山門

雙關帝廟後殿

城隍廟

【調查記錄】

城隍廟，本司胡同九號。

山門南向，山門内東西小房各一間，前殿三間無佛，現為住宅。後有小房五間。

此廟現歸香餌胡同新號門牌十一號常姓程起看管。

注 城隍廟位于内一區本司胡同9號。始建年代不詳。坐北朝南，有正殿3間，已為住宅。

城隍廟廟門

彌勒院

【調查記録】

彌勒院，西花廳八號。

山門南向，木額“彌勒院”，未署年月。住持誠蘊重修，住持僧繼豐重修。東小門内有東房二間。

前殿三間，供泥塑關帝像一。殿後木額曰“韋馱殿。光緒十六

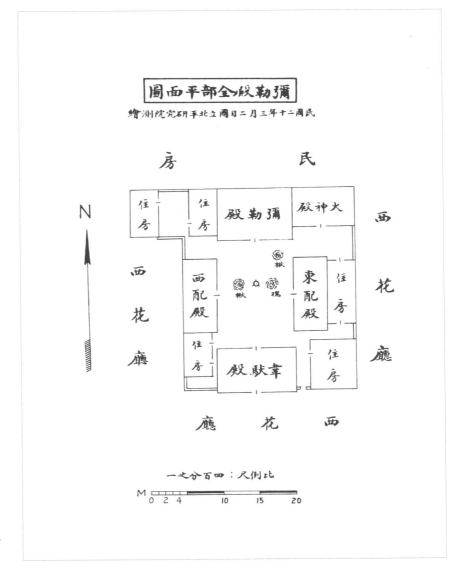

彌勒院全部平面圖

原圖比例尺：1：400

原圖單位：米

原圖尺寸：縱19.3、横15厘米

注：圖中彌勒殿應爲彌勒院

年住持馬誠蘊、馬理貴立"。

北殿三間，木額曰"彌勒殿。吳縣顧純敬書"。聯曰"腹大如匏三才彙矣；口開若磬萬法生焉"。正龕供彌勒銅像一尊，法身偉大完好，座高約五尺許。又小泥、木佛四尊。磁爐一。鐵磬一。東西配房各三間，又小西房二間。院內楸、槐各一，甚老。又小楸一。大鐵寶鼎一，"道光十八年八月吉日立"，上鑄彌勒院記及浙江將軍巡撫藩臬暨八旗官員等助銀數目。"住持幼僧繼豐率徒祖林敬立，北官園鐘李老店鑄造"。又小鐵鐘一，"康熙三十三年九月初一日置"，上鑄經文。西北跨院門內南墻下碑一，倒臥地上，上陰下陽。東西房各二間。東北跨院內有北殿三間，木額曰"火神殿"，內供火神像一尊，童子像二，均泥塑。南小房一間。

住持道王信安，傳龍門派。

注 彌勒院位于內一區西花廳8號。始建于明代，清道光十八年（1838年）重修。坐北朝南，廟內建築有韋馱殿、彌勒殿、火神殿，為佟姓家廟。供奉關帝、韋馱、火神。民國十八年（1929年）寺廟人口登記時有王信安1人。

彌勒院山門

彌勒院彌勒殿

彌勒院鐵鼎

鼎上銘文

彌勒院彌勒佛　　　　　　　　　　　彌勒院鐵鐘

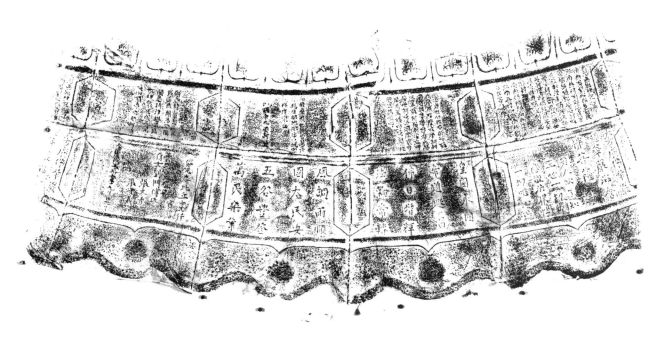

彌勒院鐵鐘鑄經文

清康熙三十三年（1694年）刻

拓片縱64、橫114厘米

彌勒院鐵鐘鑄經文録文

太清康熙叁拾叁年九月□日□□　秀　張守義　伏□□比丘□□　風調雨順國太民安五谷豐登萬氏樂業　皇圖永固帝道遐昌佛日增輝法輪常轉　知三世一切佛應觀法界性一切唯心造　大方廣佛華嚴經華嚴海會　佛菩薩　若人欲了　□一切□□□正覺□□□門門□河□□門　□□□□□□□法界□□□□□　保度□□　□□□也婆□□　凡鍾□頌□□　長菩提□□狀出火□□□　唵鉢□摩裏哆摩凡篤囉□唵□喇陀□□□　三言嚕嚕嚕嚕底悲吒□□阿□利婆也□婆娑詞　悲心者怛□仁唵斫□戍□震□摩□摩訶詞　□卩南無□卩南無□觀自在菩薩□□□□　□□□□宝剁□□南無佛陀卩南無□　□□□阿□剛勝□□安婆可□勝莊□安□　喇□□□□□囉□□□□□□南無　大悲無□□□南無□□□□□南無阿

實慈　信女刘門傳氏　張文

鐵鼎鑄彌勒院記1

清道光十八年（1838年）刻

拓片縱139、橫70厘米

鐵鼎鑄彌勒院記2

拓片縱43、橫34厘米

鐵鼎鑄弥勒院記

蓋聞積善本於創修敬 佛先於供奉無為清淨果

證前因有志裝嚴分當後起口僧繼豐幼入沙門長

丙辯志虔誠供 奉経歷有原朝陽門内蕩有弥

勒院一座正殿三間供 弥勒尊佛東西廂房六間

南殿東耳房二間木條佟宅家廟因年久風雨乾傾

金身剝落破壁頹垣不堪目睹惟継皇於嘉慶六年

由禄米倉 太倉廟移住此間刻苦焚修真誠募化

至嘉慶二十一年共募積京源壹阡緡整向佟宅立

契承買執業暨後率徒祖林如兒陸續捐募置空地

房基九塊添蓋四至 火神殿正房平台廂房耳房

馬棚草房等房三十七間前後共計五十一間待至

道光十七年大工告竣修飾整齊煥然一新伏継豐

率徒数十年本艱苦備嘗並無親族外戶本支同力

勤所造近募仰蒙四方善台悦然資助

方得始終成此善果滋因鑄鼎之吉謹列 長官信

芳衡於左並歷口辛口於右以重式於永火奉立

鎮浙將軍柏助紋銀壹伯兩 浙江巡撫烏助紋銀

壹伯兩 浙江藩司錢助紋銀四十兩 浙江臬司

助紋銀四十兩 浙江塩運司王助紋銀二十兩

鐵鼎鑄彌勒院記錄文1

内閣侍讀王助紋銀壹百兩 浙江八旗人官員人

等助紋銀壹伯五十兩 西陵總管順助京錢壹伯

吊 西陵總管景助京錢壹伯兩 關東中後所城

内張助紋銀二伯兩 關東憲遠州南閣金助紋銀

二伯兩 住持衲僧継豐率徒口口祖林敬立 北官園

鐘李老店鑄造

金爐不斷千年火 玉盞常明萬載燈額

道光十八年八月吉日秋口旦

鐵鼎鑄彌勒院記錄文2

永垂不朽

事莫難於創始而不知因始墓而恢廓之者之同一難也功莫樂於覩成而不知當既成

而慎守之者之憂可樂也本司胡同舊有彌姓家廟風雨漂搖垣頹瓦敗丈六金身

闃然剝落過而攬者為之低徊愴愴僧經豐募諸檀越以千緡聯自和公立券存撲

葺而新之得殿宇僧房十四間供彌勒關帝諸神顏其額曰彌勒院蓋不知幾

經歲月幾費鑄踏矣其創始之拮据如此然僅一枝之棲放園而不下棟宇淑藍

尚不足以壯觀瞻也幸繼之次徒僧大徒徹之徒僧諡名宗遠者上

承繼志竭力經營募得徐氏房一所將以廣開架而擴禪林但基始可憑力僧未建

乃北走塞外南泛餘杭得滿蒙駐防之藥好施者解囊終助送得量材鳩工建修

舍回十餘間視向之湫隘者增其式廓其繼志之勤於此廊僧又如安同宗協力勤事憂恐其徒

孫遠冲幼不知前人之艱難而打包游化者得以歇班將數十年苦心詣之勤

頁琅意不在是謂是舉也師若弟竭慮理甚無同譜同宗協力勤事憂恐末而勤

不徒銳於他人之手而莫可如何者斯入見僧之恩深慮遠以示後人之慎守而

勞且立墓於創始墓於繼志之足多也故嘉其請而為之記

道光三十年嘉平月住持僧繼豐率次徒如安徒孫宗遠敬立

兵部滿檔房堂主事薰職方清吏司行走慶愛恭撰並書

彌勒院碑記
清道光三十年（1850年）刻
拓片縱135、橫70厘米

倒碑

永垂不朽額

事莫難於創始基而恢廓之者之同一難此玖莫樂於觀成不知當既成而慎守之者之更可樂也本司胡同舊有佟姓家廟風雨飄搖垣頹瓦敗大六金身闇然剝落過而覽者為之低徊悵惏僧繼豐募諸檀越以千緡購自和公立券存據葺而新之得殿宇僧房十四間供 彌勒 關帝諸神顏其額曰彌勒院蓋不知幾經歲月幾費籌踏矣其創始之力猶未遠乃北走塞外南泛餘杭得滿蒙駐防之樂得徐氏房一所將以廣間架而擴禪林但基始可憑徒祖徹之徒僧雛名宗遠者上承繼志竭力經營蓁間視向之漱隘者增其式廓其繼志之勤勞又如此顧僧之敍顏末而勤貞珉者意不在是謂是舉也師若弟竭盧殫精並無同譜同宗協力勸事蓋恐其徒孫宗遠沖幼不知前人之艱難而打包遊化者得以斯誑將數十年苦心孤詣之勤勞且立頹於他人之善好施肴解囊伮助遂得量村鳩工運僚舍四十餘拮據如此然僅一枝之樓放蒲團而不下棟宇湫隘尚不足以壯觀瞻此章繼之次徒如安率其已故大

彌勒院碑記錄文1

手而莫可如何者斯又見僧之思深慮遠以示後人之慎守而不徒銳於創始善於繼志之足多也故嘉其請而為之記 兵部滿檔房堂主事黃職方清吏司行走慶愛恭撰並書 道光三十年嘉平月住持僧繼豐率次徒如安徒孫宗遠敬立

彌勒院碑記錄文2

財神廟

【調查記録】

財神廟，本司胡同二十六號。

山門南向，木額曰"護國五顯財神廟"。山門內東西小房各一間。北殿三間，木額"五顯財神"。聯曰"利用厚生成其大德；官山府海潤彼斯民。光緒丙申正月初一日副參領吉暉叩拜"。又木額一，上書"大元至正建立。中經明萬曆二十八年，清康熙、乾隆（兩次）、嘉慶、道光（兩次）、光緒重修"。中供五顯財神泥像五尊，即中曹元帥，左李元帥，又左葛元帥，右劉元帥，再右張元帥。正面又供關帝像，左玄壇，右財神，三像小而工細，周、關侍立，又童二，均泥塑。又配像四立，亦同。左方供馬王像，童二，馬一，均泥塑。大鐵磬一，"萬曆十八年七月吉日造"。其右為魯班殿，內供魯班像，童二，泥塑。前置鐵五供，康熙三十三年秋吉日造。又鐵五供一分，"光緒十一年造"。又家堂佛一，有龕。大寶鼎一，"光緒二十一年八月吉立"。五顯財神廟現為閻宅家廟。

注 財神廟，即護國五顯財神廟，位於內一區本司胡同26號。始建于元至正年間（1341～1368年），明萬曆二十八年（1600年）重修。清康熙、乾隆、嘉慶、道光、光緒年間重修。坐北朝南，山門石門額上書"護國五顯財神廟"。民國十八年（1929年）寺廟人口登記時有閻裕壽1人。

財神廟廟門

財神廟財神殿

財神廟五顯財神像

土地祠

【調查記錄】

土地祠，本司胡同三十一號。

山門南向，石額"土地祠"。連山門廟一間，龕內供泥塑土地夫婦像各一尊，座高五尺。又小泥佛七尊。鐵五供一分，款識"大清同治二年三月吉日造"。鐵磬一，款識"康熙十二年孟冬造"。又懸鐵鐘一，上有漢、滿文"同治五年四月吉日造"。

此係趙貴祥家廟。

注 土地祠位于内一區本司胡同31號。始建年代不詳。坐北朝南，當街廟，一間殿，為趙姓家廟。供奉土地夫婦。民國十八年（1929年）寺廟人口登記時有玉昆1人。

土地祠祠門

觀音寺

【調查記錄】

觀音寺，東羅圈十九號。

山門西向，木額曰"送子觀音寺。劉墉書"。內有富有琺瑯局。北殿三間，木額"大觀自在。山西蒲州府臨晉縣正堂福倫泰、吉林鑲藍旗滿洲信官祥玉、住持僧慈照重修。咸豐八年二月十九日

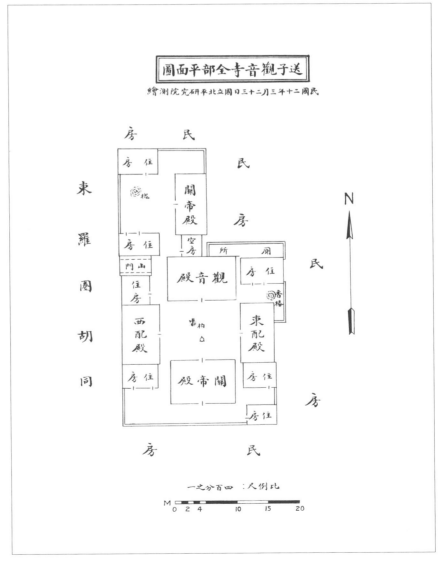

觀音寺全部平面圖

原圖比例尺：1：400

原圖單位：米

原圖尺寸：縱22.3、橫15.6厘米

注：圖原名"送子觀音寺全部平面圖"

吉立"。又有木額題曰"功深造化。光緒丙戌年桂月穀旦信士弟子王永泰敬立"。廊下懸鐵鐘一，無字。龕內正供觀音一尊，童二，均木像金身。又雙頭小木佛一。小銅木佛四。小龕數個。銅磬一。錫五供一分，"道光二年四月初八日置"。木魚一。大鼓一，有木額曰"慈悲普濟。咸豐壬子季春穀旦杜受田敬書"。聯曰"座近北宸都仰慈雲連紫極；航來南海可餘甘露灑紅塵"。款與額同。左龕內供木彌勒大小各一。又木佛一。木、銅、泥小佛八尊。銅娘娘六尊。木三大士六尊。十八羅漢泥像十八尊，座高尺許。有哥窰爐一。磁爐八，白地藍花。南殿三間，供關帝木像一尊。旁祀火神泥像。周、關侍立，泥塑。有大鐵磬一。後龕供韋馱木像，亦有大鐵磬一。院內有大寶鼎一，"康熙四十二年冬月吉日造。觀音庵供奉。住持廣陵比丘心澈"。東西配房各三間。有柏一株。

觀音殿內有《梅谷和尚像贊》云："隱袈裟中禪機仙骨，現鬚眉上壽相佛心。嘉慶庚辰六月富察氏忠勇公題并書。"又題梅谷新法弟像贊："自號梅谷叟，松竹樂揮毫。西湖明宗旨，北京律同條。清臞鬚眉秀，耆壽寫真肖。筆端留作廣長舌，話到知心興倍饒。萬善殿際乘題并書。"又："丁丑菊月會梅谷上人于家師瀛海傳經萬善禪師壽筵，祝嘏之暇，出真容命贊。展視之，喜其鬚眉蒼秀，豐神雋雅，宛然不二。故不避鄙拙，和南而作偈曰：南屏山與西湖水，光送宗風杯渡來。清較梅蘭超品格，道空塵識脫凡胎。燈籠露柱透重關，活潑天機了世緣。笑指庭前柏樹子，禪心水月并澄圓。嘉慶丁丑孟冬月中澣，世襲一等子爵寶綸拜贊。"

東北隅北房三間，楸一。西北隅西房二間。北院東房三間。又東小房一間。中為關帝殿，木額"亘古一人。光緒丁未仲秋立"。殿內供關帝綠袍坐像一尊，泥塑，高約八尺。馬童各一，均泥塑。有鐵五供一分。鐵磬一，"光緒十六年造"。又南北房各二間，歲久失修，其一已塌。槐一。又山門前有槐二。

此廟為德勝門內淨業寺下院，傳臨濟宗。看廟人蔡文恒。

注 觀音寺又稱送子觀音寺，位于內一區東羅圈19號。建于清康熙四十二年（1703年）。坐北朝南，山門西向。寺內建築有關帝殿、觀音殿。供奉觀音、關帝、彌勒等。民國十八年（1929年）寺廟人口登記時有祇園1人。

觀音寺山門　　　　　　　　　　　　　　　　　　觀音寺關帝殿

觀音寺觀音殿

觀音寺觀音像

觀音寺配殿

關帝廟

（内一區 29 號，總編號 532）

【調查記録】

關帝廟，干麵胡同十五號。

山門南向，正龕供關帝泥塑像甚細，周、關侍立，童一，馬童二。又左三官像，左右配像六。又火神、觀音各一，均泥塑。又木佛二尊。木爐一。木額曰"福蔭重光。光緒乙酉季春，信士王永泰敬立"。又木額一，題曰"默佑善人。光緒丙戌年桂月，信士弟子王永泰特立"。此廟係李廷鎧家廟。

注 關帝廟位于内一區干麵胡同15號。建于清同治年間（1862～1874年）[1]。山門南向，有正殿，為李姓家廟。供奉關帝及周倉、關平、三官、火神、觀音。

[1]　北京市檔案館：《北京寺廟歷史資料》，北京：中國檔案出版社，1997年。

延壽院

【調查記錄】

延壽院，干麵胡同八十一號。

山門北向，石額"玄妙延壽院。光緒壬寅穀旦重修。住持宋明禮誠立"。南殿三間，木額"妙淨玄壇"。正龕内供釋迦佛一尊，童二。千佛座一，泥塑，連座高約八尺。前面供三大士，木像金身。又韋馱像一，泥塑。有木五供一分。鐵磬一，"康熙十五年冬造"。左供送子觀音像一尊，童二，娘娘三尊，三大士三尊（小），均泥塑。又龍王立像一尊（泥）。有木五供一分。右供泥像似達摩，甚工細，有小辮二，騎紅毛獸一，頭上生一角。又王奶奶泥像一，有木五供一分。東西配房各三間，西為專館，塾師范正斌。東南隅東房三間，南房一間。前院山門内東北小房各一間，為天義成成衣局。住持道人李元喜。

注 延壽院位于内一區干麵胡同81號。始建年代不詳。清光緒二十八年（1902年）重修。山門北向，有正殿3間及配房。供奉釋迦佛、三大士、觀音、龍王、娘娘等。民國十八年（1929年）寺廟人口登記時有李元喜1人。

延壽院山門

延壽院院門

延壽院正殿

延壽院釋迦牟尼佛像

延壽院騎獸神像

一二三

土地祠

【調查記録】

　　土地祠，干麵胡同五十四號。

　　廟一間，南向，内供黄袍土地夫婦泥像各一。又小佛二尊，馬童各一。有鐵五供一分。屬西石槽樸宅。

注　土地祠位于内一區干麵胡同54號。始建年代不詳。坐北朝南，當街廟，一間殿。供奉黄袍土地夫婦。

土地祠

二郎廟

【調查記録】

二郎廟，東四南大街一七三號。

山門西向，對燈市口。木額"古迹二郎廟"。門前有寶鼎一，石獅二。内供二郎泥像，金面黃袍。天兵天將像四，童二。又犬神在下面蓋被内，有小犬無數。有銅五供一分。鐵磬一，"光緒二十四年三月二十日立"。又鐵磬一，"大清光緒三十二年立燈市口二郎廟"。匾額無數，内有木額一，"佑我愛犬。民國十八年二月穀旦温思德敬立"。廟外南碑一，為"重建二郎廟碑記"，額篆"重修碑記"，"賜進士出身欽命總督□□□部右侍郎加五級石文桂敬撰。康熙三十五年六月立"。陰額篆書"萬古流芳"，下列共成勝果人名。有蕭姓婦人看廟，聞為蕭衍後人。

注 二郎廟位于内一區東四南大街173號。傳始建于唐貞觀二年（628年），元延祐二年（1315年）重修，明萬曆四十二年（1614年）重修，清康熙二十五年（1686年）毀于火，康熙三十五年（1696年）重建。山門西向。木額上書"古迹二郎廟"。供奉二郎神、天兵天將、犬神。民國十八年（1929年）寺廟人口登記時有蕭兆庚1人。調查記録記載："廟外南碑一，為'重建二郎廟碑記'"，應為"重建二郎神廟碑記"。

二郎廟   二郎廟供奉犬神

重建二郎神廟碑記（陽）

清康熙三十五年（1696年）刻

拓片縱199、橫68厘米

重建二郎神廟碑記（陽）錄文1

萬古流芳額

重建二郎神廟碑記

京師朝陽門內燈市口有二郎神廟神即清源真君
也相傳唐貞觀二年始創於元延祐二年重修明萬
曆甲寅復修祠宇莊嚴由來已久康熙二十五年閏
四月初八日里鄰不戒於火焚毀靡遺黃冠拮据艱
苦善信為之樂輸越十載而方成枓栱楹桷雕鏤丹
頀之屬煥然一新因請碑記於予夫碑者欲其可信
也傳之失其實考之疑其似則史嫄誕何以取信嘗
觀帝京景物略二郎神不知所謂然而神之降格厥

有明嶽江西廬陵縣志云隋時隱青城山召為嘉州
太守斬蛟有功人思其舊德立廟灌口為二郎神唐
封神勇將軍加封赤城王宋封清源真君上高縣志
云真君姓趙名昱封號則同於前四川通志真君列
名宦中姓名封號皆同可言事蹟甚詳當是時蛟
為害蒡民船數百率千餘人臨江鼓噪真君七人
披髮伏劍入水天地晦冥少頃雲收霧撒七人不復
出惟真君左手提劍右手持蛟而出湖水盡赤聞鼻冑
挈家居深山後有運餉者見真君白馬隨一童子操
弓挾彈冉冉乘雲而去宋張詠治蜀蜀亂禱於神蜀

重建二郎神廟碑記（陽）錄文1

平事聞於朝此真君之所由封也禮記祭法曰能禦
大災則祀之能捍大患則祀之真君禦災捍患保障
一方殘而馨香俎豆食報無窮蓋始終於蜀者也始
終於蜀而祀之者不專於蜀江浙之間祠亦不缺觀
於江西邑乘其他可知矣燕山數千里渺不相接都
人士悋恭無怠洋洋乎如在其上如在其左右豈其
有彼此之異耶　聖主膺圖愛勤宵旰近者悅遠者
來瞻雲就日愛戴彌殷驅民情者必先自近者始廟
之設自京師也固其宜也予里居相距不數武晨夕
過之肅然起敬歲時伏臘薦香以告狀念世受　皇

恩一門叩金紫之榮共相勸勉夫公矢慎不敢絲毫
苟且景遶神貺蓋愚惘之常通於是筆之於辭以資
其可信矯誣云乎哉
賜進士出身　欽命總督倉
場户部右侍郎加五級石文桂敬撰
康熙三十五年六月　穀旦　發心弟子馬良駿同
男　耀儒　英儒　崇儒　弘儒　等誠造

重建二郎神廟碑記（陽）錄文2

一二七

萬古流芳

共成勝果

重建二郎神廟碑記（陰）
拓片縱165、橫73厘米

碑陰

共成勝果頒

巴扎爾　阿拉塔　佟進礼　佟賦斌　高仕飛
佟邦俊　李明宗　彭長祚　王琰　董朝衡　佟
世豫　王邦秀　明福信　佟明壽　李景榮　佟
孫守鳳　信士　李自強　鮑都索　何中立　郝
福寧　李國宇　劉賢忠　吳天相　郝士彥　麻
董守禎　信士　袁良相　馬良能　崔成旺　王
國英　孟世祿　李賢忠　佟朝輔　張一明
世榮　張月成　鄭奇士　徐成武　劉文舉　李

成訓　梁孝忠　祝嘉起　倪有慶　董明建　孫
進諫　韓文登　姜有惟　王義文　龔文成　張
國魁　何一明　孟師孔　楊承德　張雲程　王
國政　王成德　郝天福　李國棟　朱雲龍　蘇
應祥　王濟民　王自德　肖尚書　周世德　陳
有變　李茂春　李芝瑞　劉士奇　林僧保　李
國瑞　石元善　曹鴻勳　劉進業　馬良訓　曹
鴻業　李問政　張國傑　蔡天祿　皮克發　趙
映奎　孫聚財　李成賢　桂文秀　李茂春　汪
世忠　于文介　王時可　李化龍　范剛貴　金

重建二郎神廟碑記（陰）録文1

如意　妻沖雲　張明俊　宋上祥　王俊偉　吳
繼仁　佟建名　馬貞儒　蕭君美　武鴻烈　李
國楨　王國柱　劉元善　賈自明　張永祿　趙
興待　朱文魁　戴文舉　張興俊　李文錦　李
國祥　牛振壓　劉孝裕　項兆斗　楊仲寅　常
振國　白國玶　楊日新　王希克　趙印茂　閆
可學　李文昇　王綺錫　楊明輔　劉楚相　王
義文　劉邦貴　徐國隆　羅國泰　楊若昇　呂文明　張
文煥　何世隆　覃文燥　王公傑　黃元貴　童國楨　胡
國楨　何世隆　覃文燥　莫文新　張奇龍　王

嘉玉　盧成德　王金貴　尚文德　楊堯聖　李
時發　李化鳳　程宗鳳　程宗璽　張文耀　王
肇溥　夏經魁　鄭濬　徐浩　劉秩　張奇
尤瑤　何德　甄祥　李玉　王瑝　張霧
陳新　梁福　梁貴　王臣　張斌　馮洵　張
阜　朱斌　王泰　李柱　高魁　高亮　張傲
刘昇　母縂才　朱鳳鳴　王文秀　趙可權　杜
世德　王弘道

重建二郎神廟碑記（陰）録文2

崇寧寺

【調查記錄】

崇寧寺，東安門大街六十六號。

山門北向，石額"護國崇寧寺"。內有協聚成古玩鋪。南殿一間，木額曰"威靈感應。大清咸豐己未年六月穀旦，信士弟子王吉陞立"。龕內正供關帝像一尊，周、關侍立。左供大神一尊，童二。右供財神一尊，童二。均泥塑。有破磁爐一，木籤二，鐵磬一。此廟歸西邊傻和尚管。

注 崇寧寺位于內一區東安門大街66號。始建年代不詳。坐南朝北，有南殿一間。供奉關帝及周倉、關平、火神、財神。

崇寧寺山門

五聖祠

【調查記録】

五聖祠，小黄莊一號。

廟一間，北向，木額"五聖神祠"。内供關帝、土地、馬王、龍王、財神小泥像五尊。又小泥佛三尊。有木籤二，破泥爐一。

注 五聖祠位于内一區小黄莊1號。始建年代不詳。坐南朝北，木額上書"五聖神祠"，一間殿，當街廟。供奉關帝、土地、馬王、龍王、財神。

五聖祠

關帝廟

【調查記録】

關帝廟，東安門大街五十號。

山門北向，内有木額曰"聖神文武。光緒二十九年六月穀旦弟子范紹相熏沐"。前殿一間，龕工甚細，内供關帝木像一尊，金面綠袍，周、關侍立，馬童二，又童一，均泥像。又金身小木佛一尊，有鐵五供一分，"光緒十一年菊月吉日造。真武廟"。鐵磬一，"大清乾隆丁酉年甲辰月吉日立"。磁爐一，白地藍花。後龕供送子觀音木像一尊，鐵五供一分，"光緒十一年八月明海叩"。又木、銅小佛三尊。磁爐二，白地藍花。長方鐵爐一，"光緒十八年十二月初八日娘娘殿"。鐵寶鼎一，"同治十一年八月吉日敬獻北極玄天大帝"。東房三間，南房三間，小龕内供毗盧佛銅像一尊，又小銅佛一，錫五供一分，銅磬一。東院有南房三間。再東有南殿一間，内供關帝一尊，木像金身，左右真武小鐵像二，泥釋迦佛一。有長方銅爐一，錫籤二，銅磬一。東房二間，有康熙三彩釋迦佛一（即泥性）。

現住持僧靜安，傳曹洞派。

關帝廟山門

注 關帝廟位于内一區東安門大街50號。始建年代不詳，清光緒二十九年（1903年）重修。坐南朝北，廟内建築有關帝殿一間。供奉關帝、送子觀音、毗盧佛、釋迦佛等。民國十八年（1929年）寺廟人口登記時有靜安1人。

關帝廟關帝殿　　　　　　　　　　　關帝廟關帝像

關帝廟

【調查記録】

關帝廟，南夾道十一號。

廟一間，西向。前有寶鼎一，"道光三年口月二十日造"。殿前木額曰"濟正辟邪。同治"。又額曰"神靈默佑。民國十六年仲秋"。内供關帝泥像一尊，塑工精細，綠袍金花赤面。周、關侍立，亦泥塑。又泥馬童各一，木五供一分，寶劍一，弓一，箭四。鐵磬一，"大清同治丙寅年十月初一日立。在東安門外南夾道大甜水井西口關帝廟。信士弟子劉起祥"。

注 關帝廟位于内一區南夾道11號。始建年代不詳。坐東朝西。一間殿，當街廟。供奉關帝及周倉、關平。

賢良寺

【調查記錄】

賢良寺，冰渣胡同一號。

山門南向，木額"賢良寺"。本為怡賢親王故邸。

第一進前殿三間，左右有哼哈二將泥像。殿西有南房五間，現為住宅。殿東南房五間，為十方堂，有木牌，旗竿二，槐二。

第二進院內東西碑亭各一，均黃瓦，額篆"御製"。東為"御製賢良寺碑文"，"大清雍正十二年十一月初一日，内閣學士兼禮部侍郎加一級臣勵宗萬奉敕敬書"。碑陰無。西為佛像一，刻碑中形如塔，上有《般若波羅蜜多心經》及偈語，無年月。北殿五間，天王殿，殿后額曰"永佑祇園。禮親王寶"。正龕供彌勒佛一尊，木像金身。四大天王泥像四尊。木五供一分。大鼓一，徑五尺。大銅鐘一，"雍正甲寅年造"。后龕供韋馱像一尊，木質金身。各像均完好。有木五供一分。殿西有北房三間，為太極拳研究所。東有北房三間，為茶房。

第三進北殿五間，為大雄殿，木額曰"賢良寺。雍正御筆之寶"。西配房五間，為寺立民眾學校。東配房五間，為禪房。殿前大寶鼎一，高一丈五尺，"光緒丁亥年十月吉日鑄"。賢良寺大雄殿內正供接引佛一尊，立像，高約丈五。前有小釋迦木像一，大錫五供，木八寶一分。左右龕內各有木菩薩立像四尊，金身，高丈許。木漆五供各一分。木魚一。大銅磬一，"雍正甲寅年造"。左右十八羅漢十八尊，座高五尺。木漆五供各一分。磁爐十四，白地藍花。木魚二。大鼓一，徑五尺。大銅鐘一，"雍正甲寅年造"。殿後倒座供觀音一尊，童二，木像金身。木五供一分。殿後左有木梆，右有銅雲板，"雍正甲寅年造"。殿東有東房四間，木額"味根堂"。殿西有西房四間，木額"法喜堂"，款題"蓮舟大法師指正。熙臣劉塾"。北閣七間，木額曰"念佛堂。禮親王寶"。東西耳樓各二間，前有銅鐘一，"雍正甲寅年造"。下有板（即常住也），木牌"堂上護靜一切善神之位"。內供接引佛一，木像金身。又銅小太子佛一，錫小五供一分。閣上藏普通經卷，有菩薩九尊，木像金身，高四尺。院內有古楸二，柏三，井一。東閣三間，為客堂，內有接引佛小木像。西閣三間，為司房，內有財神木像。東跨院內有北殿五間，木額"大悲壇"。內供釋迦佛木像一尊，關帝一尊，韋馱一尊，木像金身。銅佛二尊，小銅佛三尊。西龕内千手佛立像一尊，木像金身。院内有楸二株，東西配房各三間。前為法堂五間，即華實化學工藝傳習所。大悲壇後有北房十間，係大厨房。東西房各三間，東為講堂教務長室，西為法器房。法堂内有祝萬祥老和尚七秩大慶條幅，拈花寺法弟明心合十稿。又有龍啟瑞、慈清、趙光、雨人、大閣、潘世恩、卓秉恬、李宗昉等字條。又屏一堂，"禮部尚書貴慶撰并書，道光二十二年壬寅"。額曰"虛明自然。睿親王書"。又紙額曰"自求多福"。後額曰"智慧聰達。嘉慶四年仲秋，睿親王"。有銅鐘一，大鼓一。

賢良寺全部平面圖
原圖比例尺：1：400
原圖單位：米
原圖尺寸：縱41.6、橫45.7厘米

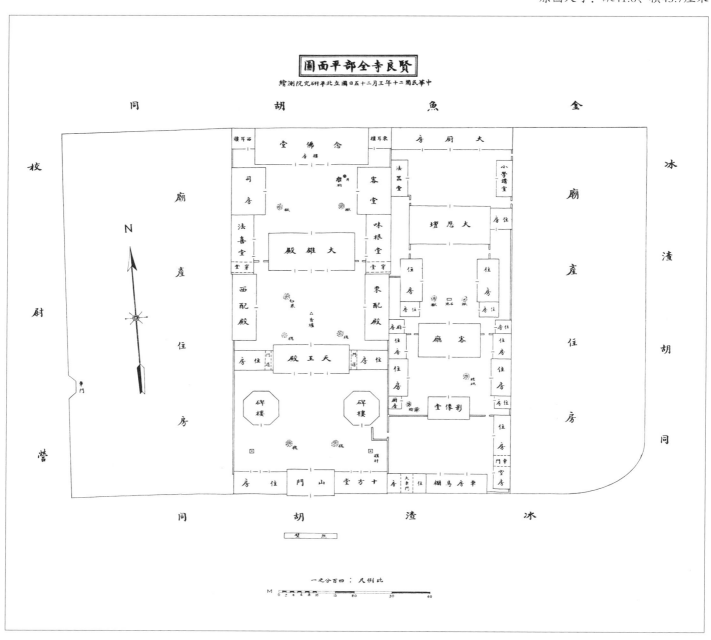

祖師堂三間，有晟一和尚像一，送子小磁觀音一，小銅釋迦佛一，小木佛一，又小銅佛一，萬祥和尚像并贊，慧峰和尚像并贊。又和尚像三，木五供一分，上木牌一。有"賢良寺塔院碑誌"（此院在德外芒牛橋，即墳地），"慈因寺賢宗後學靜禪山人吉安撰，丁未進士雲南補用同知順寧縣知縣同師髮弟常恩昆書。宣統歲次癸丑年桂月敬立"。磁爐二，白地藍花。院內核桃樹一。

現住持僧靜珍，傳賢首宗。

注　賢良寺位于內一區冰渣胡同1號。原為清康熙帝第十三子允祥封為怡親王的王府。允祥生前表示死後舍宅為寺。賢良寺建于雍正十二年（1734年），清世宗賜名賢良寺并御撰碑文。坐北朝南，寺內建築有碑亭、天王殿、大雄殿、念佛堂、法堂、大悲壇等，供奉彌勒、四大天王、觀音、釋迦佛等。民國十八年（1929年）寺廟人口登記時有靜珍等22人。

賢良寺山門

賢良寺碑亭

賢良寺天王殿

北平研究院

北平廟宇調查資料匯編【內一區卷】

賢良寺大雄殿1

賢良寺大雄殿2

賢良寺法堂

賢良寺大厨房

北平研究院

北平廟宇調查資料匯編【內一區卷】

賢良寺銅鐘

賢良寺香爐

賢良寺照壁磚雕

賢良寺念佛堂1

賢良寺念佛堂2

賢良寺念佛堂3

賢良寺和尚畫像1　　　　賢良寺和尚畫像2　　　　　　　賢良寺和尚畫像3

賢良寺釋迦像　　　　　　賢良寺接引佛1　　　　　　賢良寺接引佛2

賢良寺菩薩立像1

賢良寺菩薩立像2

賢良寺壁畫

御製賢良寺碑文

賢良寺者朕弟和碩怡賢親王故邸第也朕臨御之初晉王藩爵膺總理之寄竭忠誠之悃惟

幄訏謨邊防大計以及方田米利理財用人皆能區畫精詳贊襄治化朕用賴焉八年以來有

如一日功在社稷澤在民生實

聖祖萬孝之子朕之愛弟而純臣也是由

國家昌運

祖宗景福篤生我王畀予一人顯一代之偉人為本朝之良弼稽諸史策繄不多見焉生平鉅細皆

由至性雖聲容言動皆能肕摯感人使接者莫不愛敬且澹漠於富貴希潤於聲色崇儉約已

樂善博施常留意空宗超有妙悟豈佛氏所謂菩薩再來者歟王遺言以邸第作佛宮今既歿

因成其願勅寺額曰賢良識其實也命禪者主之建大法幢集大法泉吹大法螺演大法義長

為吾王寘福詎不善歟寺功既竣紀王勳德並勒貞珉與佛日同昭法燈永炳云

大清雍正十二年十一月初一日內閣學士兼禮部侍郎加一級臣勵宗萬奉

勅敬書

御製賢良寺碑文
清雍正十二年（1734年）刻
拓片縱240、橫76厘米

御製賢良寺碑文 御製額

賢良寺者朕弟和碩怡賢親王故邸第也朕臨御之

初晉王藩爵膺總理之寄竭忠誠之悃帷幄訏謨邊

防大計以及方田水利理財用人皆能區畫精詳贊

襄治化朕用賴焉八年以來有如一日功在社稷澤

在民生實 聖祖萬孝之子朕之愛弟而純臣也是

由國家昌運 祖宗景福篤生我王畀予一人顯

一代之偉人為本朝之良弼稽諸史策繁不多見焉

生平鉅細皆由至性雖聲容言動皆能肫摯感人使

接者莫不愛敬且澹漠於富貴希闊於聲色崇儉約

己樂善博施常留意空宗超有妙悟堂佛氏所謂菩

薩再來者歟王遺言以邸第作佛宮今既歿因成其

顧勅寺額曰賢良識其實也命禪者主之建大法幢

集大法眾吹大法螺演大法義長為吾王冥福詎不

善歟寺功既竣紀王勳德並勒貞珉與佛日同昭法

燈永炳云

大清雍正十二年十一月初一日內閣學士兼禮部

侍郎加一級臣勵宗萬奉 勅敬書

御製賢良寺碑文錄文

御製佛像經碑
清乾隆九年（1744年）刻
拓片縱135、横74厘米

御製佛像經碑

般若波羅蜜多心經觀自在菩薩行深般若波羅蜜
多時照見五蘊皆空度一切苦厄舍利子色不異空
空不異色色即是空空即是色受想行識亦復如是
舍利子是諸法空相不生不滅不垢不淨不增不減
是故空中無色無受想行識無眼耳鼻舌身意無色
聲香味觸法無眼界乃至無意識界無無明亦無無
明盡乃至無老死亦無老死盡無苦集滅道無智亦
無得以無所得故菩提薩埵依般若波羅蜜多故心
無罣礙無罣礙故無有恐怖遠離顛倒夢想究竟涅
槃三世諸佛依般若波羅蜜多故得阿耨多羅三藐
三菩提故知般若波羅蜜多是大神咒是大明咒是
無上咒是無等等咒能除一切苦真實不虛故說般
若波羅蜜多咒即說咒曰揭諦揭諦波羅揭諦波羅
僧揭諦菩提娑婆訶般若波羅蜜多心經
乾隆九年甲子元日敬書

御製佛像經碑錄文

毗盧庵

【調查記録】

　　毗盧庵，錫拉胡同十三號。

　　山門北向，内有東西房各一間，無佛。歸西邊宋林記成衣局管。

注　毗盧庵位于内一區錫拉胡同13號。始建年代不詳。坐南朝北，
　　庵内有東西房各1間。

毗盧庵山門

關帝廟

【調查記録】

關帝廟，韶九胡同十二號。

山門南向，木額"萬壽關帝廟"。內有永昇成衣局、信義雕漆莊。由東小旁門進入。前殿三小間，內正供關帝一尊，周、關侍立，泥塑金身。立童三，馬童各一，均泥塑。鐵五供一分，"光緒元年六月吉日。協天大帝。三合餑餑局"。鐵磬一，"光緒二十二年。萬壽關帝廟，東

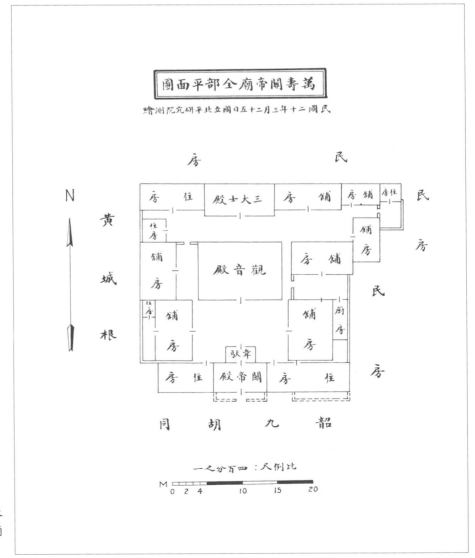

關帝廟全部平面圖

原圖比例尺：1：400

原圖單位：米

原圖尺寸：縱19.7、

　　　　　橫17.5厘米

注：圖中萬壽關帝廟

　　即關帝廟

安門外燒酒胡同"。儀仗八件。後龕泥塑韋駄一尊，額曰"護法安僧。乾隆辛卯仲秋吉旦重修。釋子道禧"。殿西南小房二間，東南小房二間。第二進北殿三間，木額"蓮界慈航"。廊下懸大鐵鐘一，"康熙三十五年歲次丙子仲□吉日誠造。王府井大街會館，大悲庵供奉。道光丁亥"。木聯一，已殘，文曰"普渡迷津同登□□；長存妙道永□□□"，款題"道光丁亥二月"。殿中正供觀音一尊，連座高八尺。童二，高四尺，木像金身。又立像木菩薩四尊。前面鐵彌勒佛一尊，金身，高二尺五寸。鐵五供一分，"康熙年造"。木漆牌樓四，高均五尺，工細。大鐵磬一，"東安門外北燒酒胡同西□內路北關帝廟。光緒元年七月十五日，三合餑餑局王敬立"。左右羅漢坐像十八尊，高約二尺餘，木質金身，工細。財神、土地、龍王小泥像三尊。銅鐘一。後西方接引一尊，財神一，馬王一，真武一，童二，均泥塑。鼓二。院內槐樹一株，東西配殿各三間。第三進北殿三間，木額曰"無上能仁。道光戊戌年辛酉月穀旦，弟子塔法那薰沐敬書"。木聯曰"雪山頂上苦修六年行；靈鷲峰前妙證□□□"。殿內三大士，木像金身，連座高約三尺餘。木童立像二。又銅小菩薩四尊。有鐵五供一分，"光緒二十三年四月吉造"。鐵磬一，"民國十六年二月，東安門外韶九胡同西□內關帝廟後殿三世佛"。東北隅跨院內有北房三間。又東跨院雕漆局北房三間，刻工甚細。

現住持僧靜緣。歸東華門傻和尚廟。

注 關帝廟位于內一區韶九胡同12號。始建年代不詳。坐北朝南，木額上書"萬壽關帝廟"，廟內建築有關帝殿、觀音殿、三大士殿及配殿。供奉關帝、韋馱、觀音、十八羅漢、三世佛、土地、龍王、財神、三大士、彌勒。民國十八年（1929年）寺廟人口登記時有靜緣等3人。

關帝廟山門（關帝殿）

關帝廟山門　　　關帝廟佛像

關帝廟观音殿

關帝廟

【調查記錄】

關帝廟，皇城根十二號。

廟一間，門西向，木額"感靈顯佑。光緒己亥荷月吉日敬獻。魏昌薰沐書"。左寶鼎一，"乾隆五十五年四月十三日京都第一雙鼎。關帝廟供奉"。右寶鼎一，"東華門外奶子府關帝廟供奉。張羽誠獻"。鼎爐二尊。右鐵鐘一，"嘉慶甲子造"。左鐵鐘一，"東華門外北奶子府北邊關帝廟，光緒廿七年冬月重立"。內木額曰"布昭聖武。光緒壬辰仲夏穀旦，御前侍衛上駟院卿正藍旗漢軍副都統兼公中佐領福森布叩立"。又木額曰"帝德涵宏。同治甲戌仲□月，信官寶和敬立"。龕內正供泥塑關帝像一尊，童二，周、關四像侍立，均泥塑。鐵五供一分，"光緒十九年九月"。又供送子娘娘一尊，童二，均泥塑。鐵五供一分，"光緒二十七年冬月重立"。又觀音一尊，童二，均泥塑。鐵五供一分，光緒二十七年冬月重立"。北有小院，有西北小房各一間，馬童各一，泥塑，闔街公立。大鐵磬一，"大清道光丁未年五月吉日造。京都東安門外北夾道奶子府西口北關帝廟"。又圓鐵爐一，"光緒二十七年冬月重立"。左碑一，額曰"永遠流傳"。正面刻"誠求速應"四字，"嘉慶甲子五台徐政儒立"。碑陰無。右碑一，"福應惟誠"，陰"獻"字一，"乾隆歲次戊申年夷則月甲子之吉，山西嶧縣橫道鎮楊玉潔叩首敬立"。管廟人李星海。

注 關帝廟位于內一區皇城根12號。建于清乾隆年間（1736～1795年）。坐東朝西，一間殿，當街廟。供奉關帝及周倉、關平、送子娘娘、觀音。

關帝廟

關帝廟外景

福應惟誠碑（陽）

清乾隆五十三年（1788年）刻

拓片縱91、橫54厘米

福應惟誠碑（陰）

拓片縱94、橫55厘米

誠求速應碑

清嘉慶九年（1804年）刻

拓片縱108、橫52厘米

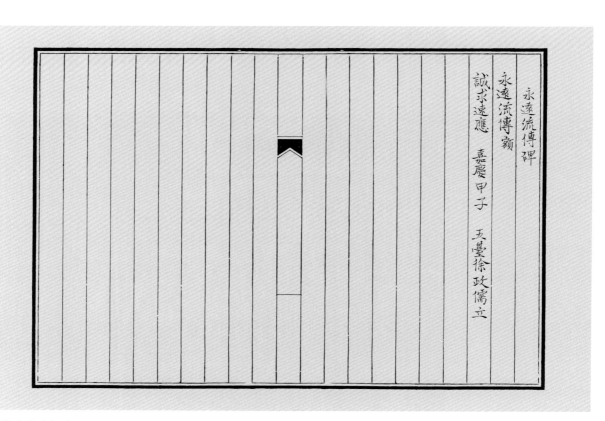

福應惟誠碑錄文

誠求速應碑錄文

福應惟誠碑

福應惟誠

碑陰

　乾隆歲次戊申年夹則月甲子之吉　山西嶂

縣橫道鎮楊玉潔叩首敬立

永遠流傳碑

永遠流傳嶺

誠求速應

　嘉慶甲子　五臺徐政儒立

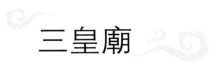

三皇廟

（內一區 41 號，總編號 544）

【調查記錄】

三皇廟，迺茲府十八號。

山門北向，懸小木牌"三皇務本堂"。內懸木牌"美綸製鞋莊"。壁前有碑一，"重修福田寺碑記"。額曰"萬善同歸"，"大清同治九年歲次庚午十月穀旦，松瑃撰并書"。碑陰題"萬古

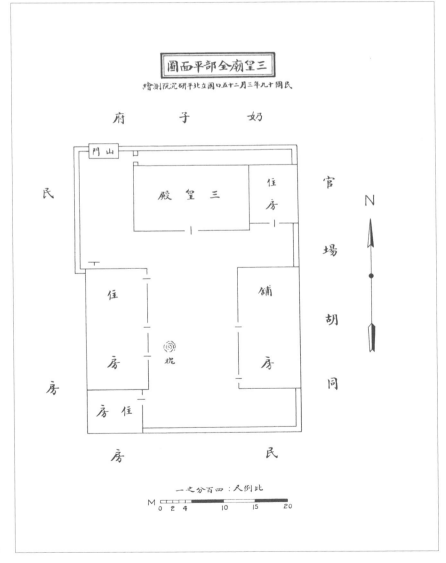

三皇廟全部平面圖

原圖比例尺：1：400

原圖單位：米

原圖尺寸：縱21.7、橫15.6厘米

流芳"，并列人名伊、奕、榮、松、扎、錫、佛、英、德等宅，又森公府、伯王府、達王府、睿王府、四爺府等府。北為三皇殿三間，龕內正供天、地、人三皇泥像三尊，中執八卦，左執穀，右執七星笏板，連座高約四尺餘。有木五供一分。鐵磬一。左龕內供東方朔一，師曠一。木牌二，一為朔祖之神位，一為曠祖之神位。磁爐一，白地藍花。銅小磬一。小花瓶一，黃綠花人物。殿前木額曰"三皇寶殿。同治八年三月穀旦，向武等同建"。東西配房各三間，槐一株。又西小房一間。南墙下有大寶鼎一，"大清光緒三十一年四月十一日敬獻奶子府福田寺三皇廟。務本堂衆瞽者弟子誠敬曠祖師前誠獻此鼎"。現管廟人張文連。歸瞽目公會管。

注　三皇廟位于內一區廼茲府18號。清同治八年（1869年）盲道人閻永貴首倡捐資建廟。坐南朝北，廟內建築有三皇殿及配殿。供奉天、地、人三皇像，以及東方朔和師曠像。歸瞽目公會管。民國十八年（1929年）寺廟人口登記時有張文連1人。

三皇廟山門

三皇廟三皇殿

三皇廟三皇像

萬善同歸

重修福田寺碑記、

京都皇城東安門外迤北奶子府胡同舊有福田寺廟一座不

有何年歲必先修已成傾圮同治己巳春鼓者闔永貴倡首捐貲眼

得以斯廟代奉三皇聖會三皇聖會係鼓目擊業聞風而來集同重

諸二十餘入可瞻勝舉矣雖是殿宇摧破雖設祭而神將安厝乃命工

從以壯觀瞻而昭敬函須修理本一念之誠已竭棉薄豈能復

作於是多方勸力誠仰三皇以次旬己集脂可以成裝

有重塑至皇聖後殿宇煥然一新不但聖會可以永遠舉行卽

省同公倡始之也此後顧三皇以保障廣眾庶之福田誠善緣也闔公

見所服疲恭賴三皇以保障費二百餘金眾士進直書其事以告後之奉行三皇會

旹清同治九年歲次庚午十月穀旦松璟撰並書

重修福田寺碑記（陽）
清同治九年（1870年）刻
拓片縱104、橫43厘米

萬善同歸額

重脩福田寺碑記

京都皇城東安門外迤北奶子府胡同舊有福田寺
廟一座不口口自何年歲久失脩已成傾圮同治己
巳春督者閻永貴倡首捐貲購得斯廟供奉三皇歲
舉三皇聖會凡係督日操業聞風而来集同事者二
十餘人可謂勝舉矣惟是殿宇摧殘雖設祭而神將
安享實不足以壯觀瞻而昭誠敬亟須修理奈一念
之誠已竭棉薄豈能復得工作於是多方勸募仰賴
神麻未浹旬已集腋可以成裘乃命工庀材重塑三
皇聖像殿宇煥然一新不日而成所費二百餘金衆
志口誠皆閆公倡始之力也此後不但聖會可以永
遠舉行即督日操口者所有所皈依悉賴三皇之保
障廣衆庶之福田誠善緣也閆公口余為記誌諸石
以垂久遠余遂直書其事以告後之奉行三皇會者
大清同治九年歲次庚午十月穀旦松璟撰並書

重修福田寺碑記（陽）録文

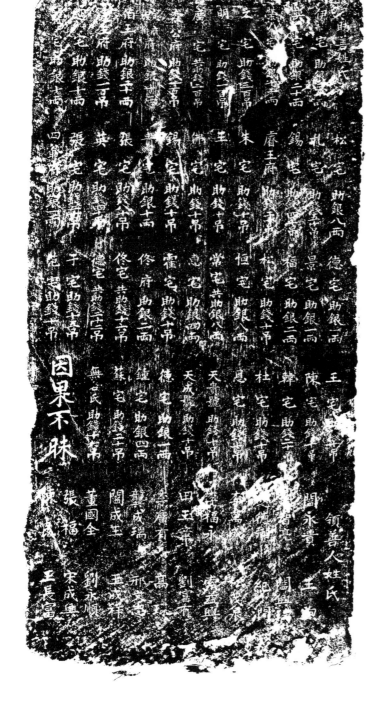

萬古流芳

重修福田寺碑記（陰）

拓片縱110、横42厘米

萬古流芳碑陰額

助善姓氏　伊宅助銀三十兩　英宅助銀二十兩

榮宅助銀十二兩　文宅助錢三百吊

胡宅助錢一百吊　廣宅共助錢二百吊

森公府　大街府助錢一百吊　定府助銀十兩

伯王府助銀二十兩　建王府助錢一百吊

達王府助銀一百吊　延宅助銀十兩

南宅助銀十兩　松宅助銀八兩

扎宅助錢五十吊　德宅助銀一兩

錫宅助錢四十吊　景宅助銀一兩

睿王府助錢二十吊　福宅助銀二兩

朱宅助錢十吊　松宅助錢十吊

王宅助錢十吊　恒宅助銀八兩

佛宅助錢十吊　常宅共助銀八兩

錫宅助錢十吊　惠宅助銀四兩

貴宅助銀十兩　霍宅助錢十吊

張宅助錢八十吊　佟府助銀二兩

英宅助錢四十兩　終宅共助錢十六吊

張宅助錢二十吊　德宅共助錢二十二吊

四爺府助銀一兩　于宅助錢十五吊

重修福田寺碑記（陰）録文1

范宅助錢十吊　王宅助錢十吊

陳宅助錢十吊　韓宅助錢二十吊

杜宅助錢十吊　恩宅助錢十吊

天貴鬼助錢十吊　天成鬼助錢十吊

德宅助銀一兩　鍾宅助銀四兩

蘇宅助錢二十吊　無名氏助錢十六吊

因果不昧　領善人姓氏

閻永貴　王熙　胡智亮　閆興瑞　趙德碉

紀潤　李萬成　松茂泉　李福永　索益興

田玉章　劉富有　李廣有　高環　龔成瑞

邢文志　閆成玉　王成祚　董國全　劉永順

張福　宋成興　陳良　王長富

重修福田寺碑記（陰）録文2

天齊廟

【調查記録】

天齊廟，内務部街十八號。

山門南向，石額"東嶽天齊仁聖大帝廟。古迹至正年立。崇禎五年重修"。院内有楸二株。大寶鼎一，"大清康熙二十八年十月誠造"。

北殿三間，木額"東嶽寶殿"。正供東嶽大帝一尊，坐像，高約丈許。童四，立像。又左右立像各四，高約八尺。均泥塑。木漆五供一分。鐵磬一。東小房四間。後殿三間，無佛。東跨院有北小房四間，東小房三間，南小房三間，均為人力車夫住所。此為本街路北郡府家廟。

注　天齊廟位于内一區内務部街18號。始建于元至正年間（1341～1368年），明崇禎五年（1632年）重修。坐北朝南，廟内建築有東嶽寶殿及後殿。為郡府家廟。供奉東嶽大帝。

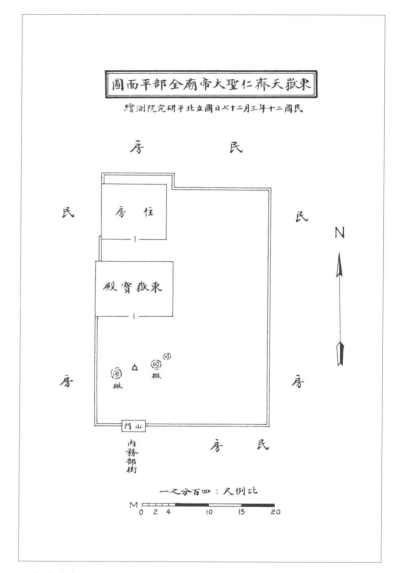

天齊廟全部平面图

原圖比例尺：1∶400

原圖單位：米

原圖尺寸：縱20.7、橫14.7厘米

注：圖中東嶽天齊仁聖大帝廟即天齊廟

天齊廟山門

天齊廟東嶽寶殿

天齊廟東嶽大帝像

天齊廟寶鼎

天仙庵

（内一區 43 號，總編號 546）

【調查記錄】

天仙庵，演樂胡同五十三號。

山門北向，由西大門入，有門房一間。廟內設"北京惜陰補習學校"，附設"英文打字班"木牌一。

前殿三間，木額曰"碧霞宮。大清嘉慶己卯孟秋穀旦，翰林院修撰陳沆敬題"。聯曰"衆善奉行引慈雲于西極；諸福畢集注法雨乎東垂。翰林院修撰陳沆敬題"。內供天仙聖母木像，細工巧。前有痘疹娘娘銅像，連座高四尺。童四，銅像金身。木五供一分。左龕內供眼光娘娘泥像，花紋工細。童二，又坐像一，均泥塑。右龕內供送子娘娘泥像一尊，身旁有小孩像十餘尊，連座高約五尺。童二，泥塑。又木、銅小佛十餘尊，木五供一分。正案上有白地藍花爐一，籤二，大鐵磬一，木魚一。東邊有立像四，西立像三，又左右儀仗二十餘件。正面上有木額曰"碧霞宮。歲次戊申嘉平穀旦，吉林正藍旗滿洲弟子春壽敬立"。聯曰"聖德參天功被寰區垂母儀；坤厚配地尊居泰岱列仙班。春壽敬立"。右木額文云"盛京協領奎星保公奉差來都，旅次僧舍，因謂僧曰：凡我盛京文武等官，或引見抵京，或公幹來都，莫不寓于寶刹。遂在東土，募集多金，修葺佛殿云云"，并列捐金人姓名。此廟于道光十五年乙未交弟子海闊，同治九年交徒姪清貴。

東配殿三間（北耳殿一小間，財神殿），木額無，聯曰"七珍燦爛應善意；八寶玲瓏悦人心"。內供文武財神各一，連座高均五尺。童二，立像，高三尺。均泥塑。木籤二，破白地藍花爐一。

西配殿三間（北耳殿一小間），木額曰"普濟寶殿。大清嘉慶壬申年孟秋吉日穀旦，正藍旗蒙古信士弟子富亮阿敬書"。又聯曰"杏林春暖觀地脉；橘井泉香撥天雲"。殿內供藥王二尊，童二，均泥塑。前有小銅佛一，銅童二，係寄存者。大寶鼎一，"大明萬曆三十年"。槐二株。南殿五間，木額"其盛矣乎。光緒丙戌四月穀旦，記名副都統盛京正紅旗滿洲協領兼正藍旗公中佐領訥欽敬獻"。木聯曰"佛法示精微任浩劫水火刀兵常操圓轉靈機由動至靜；天心本仁愛歎衆生災殃煩苦默運維持妙用化險為平。咸豐十年夏五月，由滬于役析津。秋中赴都，憩裝禪宇。時值艱難況瘁，危而獲安，佛力護持，既濟小劫。冬月差竣，行將簡裝南旋，自愧塵土勞薪，未得長依靜理。心香永紹，思綿墨緣，敬留楹聯，以誌歲月。粵嶠黃仲畬東耘甫題"。殿內上方木額曰"法相莊嚴。同治二年癸亥仲秋穀旦，盛京戶部郎中欽加三品職銜候選知府紹仁率子世蔭、世穫敬立"。又木額一曰"覺路宏開。咸豐六年歲次丙辰六月穀旦，信士弟子紹儉敬立"。正龕內供三大士銅像三尊，座高尺五，連座高四尺。有木五供一分，銅磬一。對面牆下有泥塑韋馱殘像一。古槐一。東有北房二間。西有小

天仙庵全部平面圖

原圖比例尺：1：400

原圖單位：米

原圖尺寸：縱21、橫21.7厘米

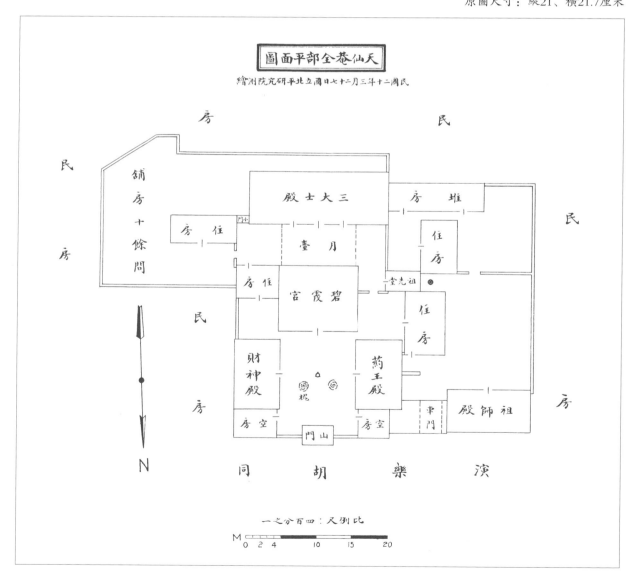

西房一間。再東為北京惜陰補習學校，南房三間。南小門內有院，為木廠，有房九間。由西小房出北小間，有西房三間。西跨院北殿三間，木額曰“祖師殿”，正面供唐明皇像，左月下老人、師曠坐像，均泥塑，約高七八尺。龕內有黃綠琉璃方爐一。左龕內小銅佛二，小泥土地一。右龕內關帝一尊，座高尺餘，周、關侍立，木像金身，高尺餘。童一，高尺餘，執劍。東西立像各四，均泥塑。

現住持僧順普。

注 天仙庵位于內一區演樂胡同53號。始建年代不詳。坐南朝北，庵內建築有碧霞宮、三大士殿、藥王殿、財神殿、祖師殿。供奉天仙聖母、痘疹娘娘、眼光娘娘、送子娘娘、文武財神、藥王、三大士、韋馱、唐明皇、月下老人、師曠、土地、關帝等。民國十八年（1929年）寺廟人口登記時有順普1人。

天仙庵山門

天仙庵山門裏側

北平研究院
北平廟宇調查
資料匯編
【內一區卷】

天仙庵藥王殿

天仙庵配殿

天仙庵三大士殿

天仙庵送子娘娘像

天仙庵三大士像

天仙庵造像1

天仙庵造像2

北平研究院

北平廟宇調查

資料

匯編

〖內一區卷〗

慶福寺

【調查記録】

慶福寺，演樂胡同六十號。

山門北向，石額“古刹嘉佑慶福寺”。山門内東西小房各一間。前殿三間，木額“威靈萬古。同治八年歲次己巳六月穀旦，信官弟子王岱薰沐敬書”。聯曰“兄弟倫常臣子節；英雄事業聖賢心。同治甲戌三月穀旦，信士弟子晋榮桂敬書”。槐一。殿内正供關帝一尊，坐像，高五尺，周、關侍立，高四尺許，均泥塑。馬童各一，同。有鐵五供一分，鐵磬一，大刀一，銅鐘一。後供木韋馱立像一尊。後殿為南殿三間，木額“大雄寶殿”。廊下左有銅鐘一，“康熙五十五年歲次丙申四月初八日造”。右鼓一。殿内正供釋迦佛一尊，坐像，連座、光高丈五，袈裟二，立左右，高丈餘，甚莊嚴，均木像。有大錫五供一分。銅磬一。鼓一。小銅鐘一，“大明嘉靖二年月日造。内官張永施”。木魚一。大圓磁爐一，白地藍花。左龕内供觀音一尊，童二，均木像。又木漆牌樓二，工細。右龕内供地藏一尊，木像金身，坐高約三尺。白地藍花磁爐一，木牌二，工細。殿前大寶鼎一，“雍正五年歲次丁未夏五月丙午朔吉日穀旦”，上鑄人名甚多。院内古槐一。東西配殿各三間，現為住宅。又關帝殿東西夾道内各有東西房二間，東南有門，南房二間。東小院北房三間，南小院南北房各三間，為油漆作趙記。西南有門，西南小房各一間，又南有小房九間。住持僧鑒光。

注　慶福寺位于内一区演樂胡同60號。建于明嘉靖年間（1522～1566年）[1]。坐南朝北，寺内建築有關帝殿、正殿及配殿。供奉關帝、韋馱、釋迦佛及觀音、地藏。民國十八年（1929年）寺廟人口登記時有鑒光1人。

[1]　北京市檔案館：《北京寺廟歷史資料》，北京：中國檔案出版社，1997年。

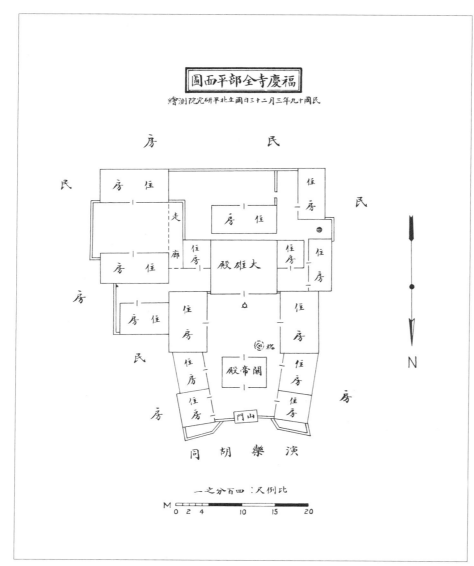

慶福寺全部平面圖

原圖比例尺：1：400

原圖單位：米

原圖尺寸：縱20.8、橫16.3厘米

注：平面圖名稱有誤，應為
　　"慶福寺"

慶福寺正殿

慶福寺山門

慶福寺關帝殿

慶福寺大鐘

常寧寺

【調查記録】

常寧寺，禮士胡同四十七號。

山門南向，石額"常寧寺"。北殿三間，木額"幽冥教主。道光七年清和月穀旦，信官弟子和元敬書"。懸小鐵鐘一，"大明嘉靖二十九年正月吉日造"。殿內正供地藏王一尊，木像金身。泥童二。小木彌勒佛像一。木五供一分。左供泥塑娘娘像九尊，木五供一分。鐵磬一，"咸豐二年四月吉日造"。右龕供三皇小泥像，金身。又泥塑小佛像十尊，木五供一分。鐵鐘一。東西配房各三間，又各一間。院內古槐二。山門前古槐一，又槐一。此廟為演樂胡同慶福寺下院。

注 常寧寺位于内一區禮士胡同47號。始建年代不詳，原為昭寧寺之西廊部分，為演樂胡同慶福寺下院。寺內有地藏殿三間，供奉地藏、彌勒等。民國十八年（1929年）寺廟人口登記時有鑒光、榮光等人。

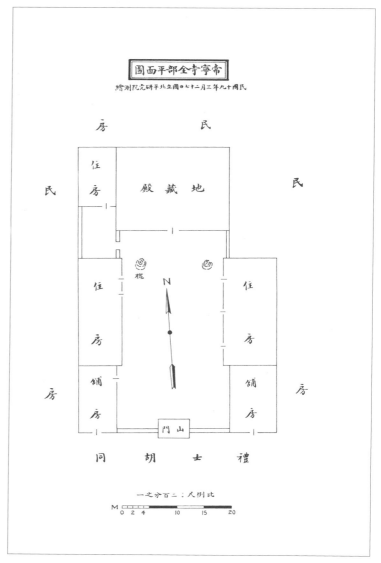

常寧寺全部平面圖
原圖比例尺：1：200
原圖單位：米
原圖尺寸：縱25.2、橫17.4厘米

常寧寺山門

常寧寺地藏殿

常寧寺地藏像

昭寧寺

【調查記録】

　　昭寧寺，禮士胡同三十四號。

　　山門南向，石額"古刹昭寧寺"。門內大寶鼎一，"嘉慶二年九月吉日"。有古槐一。

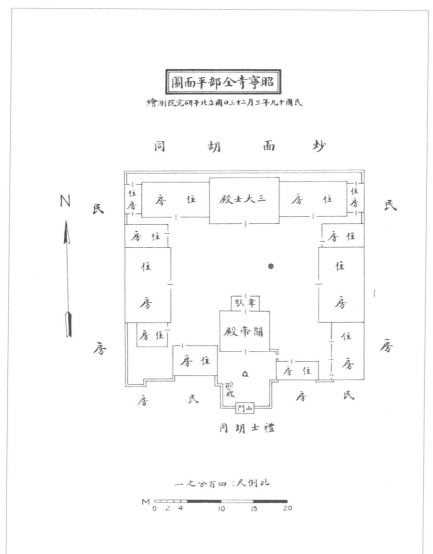

昭寧寺全部平面圖
原圖比例尺：1：400
原圖單位：米
原圖尺寸：縱20.6、橫15.2厘米

前殿三間，正供關帝一尊，童二，周、關侍立于東面，馬童各一，均泥塑。木五供一分。鐵磬一，殿上有木額曰"英風萬古。嘉慶甲子年荷月"。後供韋馱主像一尊，泥塑。破磁爐一。

後殿三間，龕內正供三大士木像。小佛三尊，龕工細。又娘娘小泥像三尊。有錫爐一，銅磬一，木魚一。東西耳房各一間，配房各三間，為住宅。東北隅北房三間。西北隅北房三間。又東南隅東房三間，南房二間。小槐一株。

住持僧闊然，傳臨濟宗。

注 昭寧寺位于內一區禮士胡同34號。始建年代不詳。初名報恩寺，明天順元年（1457年）改名昭寧寺[1]。坐北朝南，寺內建築有關帝殿、三大士殿等。供奉關帝、韋馱、三大士、娘娘。民國十八年（1929年）寺廟人口登記時有闊然等2人。

昭寧寺山門

[1]　許道齡：《北平廟宇通檢》，北平：國立北平研究院，1936年。

昭寧寺三大士殿

北平研究院

北平廟宇調查資料匯編〔內一區卷〕

昭寧寺關帝殿後抱廈

昭寧寺三大士像

昭寧寺香爐

關帝廟

【調查記録】

　　關帝廟，南小街一七五號。

　　殿一間，有額曰“三聖祠”，無款。殿前鐵爐一，中供關帝、馬王、財神坐像各一尊。周、關侍立。又立童二。鐵磬一，“南小街八大人口三聖祠。光緒十二年三月立”。看廟人海禄。

注　關帝廟位于内一區南小街175號。始建年代不詳。山門額書“三聖祠”，又稱三聖祠。一間殿，當街廟。供奉關帝及周倉、關平、馬王、財神。

土地祠

【調查記錄】

土地祠，八大人胡同五十四號。

山門北向，額曰"重修土地祠。宣統辛亥仲夏立"。殿一間，額曰"土地祠。辛未仲冬引善弟子馬錫璋、福興公拜"。中供土地夫婦像，童二，左右有判官、小鬼各一，均泥塑。案上有銅爐一，"宣統三年閏六月初七日立，重修土地祠"。正座西南隅有張仙像一尊，小財神像三尊，均泥塑。院內西房一間，門前有旗杆一，槐一株。廊下鐵磬一，款識"康熙三十七年十二月"。殿前鐵香爐一，款識"道光甲辰年六月二十四日，廂白旗滿洲四甲喇官兵頭目等供獻"。此為祁家家廟，李承壽管。

注 土地祠位于內一區八大人胡同54號。始建年代不詳，清宣統三年（1911年）重修。山門北向，一間殿。供奉土地夫婦、張仙、財神、藥王、喜神、馬王、小鬼等。為祁姓家廟。

土地祠山門

土地祠内景

土地祠供奉土地夫婦像

土地祠造像

馬神廟

【調査記録】

馬神廟，南水關十二號。

山門東向，額曰"馬神廟"。東房三間，為呂祖殿，內供呂祖泥像，有香爐一，銅蠟扦二。鐵磬一，"光緒六年三月一日"。西房為娘娘殿，內供泥塑天仙娘娘、子孫

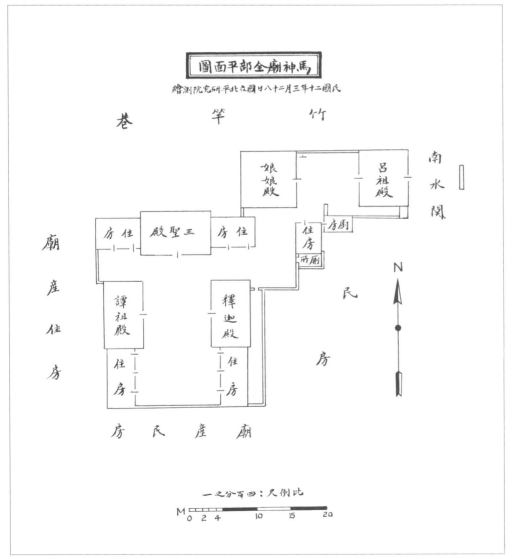

馬神廟全部平面圖

原圖比例尺：1：400

原圖單位：米

原圖尺寸：縱20、

　　　　　橫17.5厘米

娘娘、眼光娘娘像三尊。鐵磬一，"民國八年九月置"。又石碑一，額曰"萬古流芳"，為王道人道行碑，"光緒二十九年，順天大興副貢生李國梁撰，拔貢生鐵嶺董玉麐書"。北房正殿三間，供馬王、倉神、財神泥像三尊。東西耳房各二間。鐵磬一口，"康熙廿四年置"。殿外鐵鐘一，"道光十六年造"。東西配殿各三間。東殿供釋迦佛坐像一，木胎，金龕一座。西殿供檀祖（蘊德真君）。東西配房各三間。又外院南房一間，道士住。東房為厨房。

住持道名張教泉，為南無法派。

注 馬神廟位于内一區南水關12號。始建年代不詳。坐西朝東，山門額書"馬神廟"，前院為呂祖殿、娘娘殿，後院為三聖殿、釋迦殿、檀祖殿。民國十八年（1929年）寺廟人口登記時有張教泉1人。

馬神廟呂祖殿

馬神廟娘娘殿

馬神廟三聖殿

馬神廟檀祖殿

王道人道行碑
清光緒二十九年（1903年）刻
拓片縱151、橫57厘米

萬古流芳額

道人王峻峰者山西太原府祁縣小六支村人也面
赤身肥寡鬚髭賢目光閃爍口若懸河性質直耐勞苦
喜為人排難解紛施醫捨藥見善則喜嫉惡若忧其
天性然也一袖雙影遙望之飄飄然若有神仙之概
早歲來京師學賈未成去而學道於西山深處遇南
無法派甄真人收為門下弟子口傳心授遂得金丹
之妙訣道人得訣後隱於青龍橋暨居庸關等處潛
修默鍊者數年性命穩固遂於光緒辛己來至馬神
廟維時殿宇傾圯年久失修風雨摧殘滿目淒涼不
堪棲止道人乃處於敗屋頹垣之中晝則出而乞食
夜則入而趺坐蔬食破衣蕭然自得也道人乃發宏
願募化重修於是蓬頭跣足馳驅於冰天雪地之中
奔走於炎天烈日之下人所不堪之苦彼視之若無
事也然而至誠所感卒能使人人悅眼集腋咸來向
日之東側西傾者今則美輪美奐與吳然而廟貌雖新
使無人焉繼其後不將頹廢堪虞乎時則有若李善
堂楊大靜金大純等先後皈依門下善堂屢屢施財力
師之衣食有資大靜深探道妙師之心得不絕大純

王道人道行碑錄文1

侍奉殷勤師之起居有賴三子者趨向不后而其竭
忠盡智上報師恩則一也光緒庚子聯軍入京翠
華西幸道人以方外之身無守土斯民之責本可逍
遙事外而乃忠義憤發視死如歸於城破之日立即
自縊以殉身死之日遠近居民莫不同聲嗟歎焉可
死而志不可志不可辱頭可斷而義不可屈有古忠臣烈士
之風焉事後有人見道人於北山之中事之真偽雖
不可定然惡惡靈性常存其理確有可憑也雖
謂道人至今未死可也延刊石圖纘寄情銘讚其辭

曰維彼道人　志氣如神　扶危救苦　忠孝為

鄴敲魚募化　奔走風塵　荒涼廢寺　煥然一

新　善堂助　師不憂貸　侍奉左右　楊金二

人　庚子遇變　羽化歸真　英靈未泯　正氣常　楊

伸　南無法派第二十一代門下弟子李大清　楊

大靜　金大純同叩　順天府大興縣副貢生李國

梁撰　候詮教諭丁酉科拔貢生鐵嶺董玉麐書

大清光緒二十九年歲次癸卯九月十一日弟子王

大泉達

王道人道行碑錄文2

關帝廟

【調查記録】

關帝廟，朝陽門大街六號。

山門南向，額曰"關帝廟"。現為穆記切糕鋪。

殿一間，正龕供關帝泥像一尊。童二。周、關侍立。東西文官像各一。泥馬一。馬僮一。鐵磬一，款識"大清光緒十四年仲夏穀旦，儲濟倉花甲人等敬獻"。鐵爐一，款識"道光十二年獻"。

此廟現歸財政局管。

注 關帝廟位于内一區朝陽門大街6號。始建年代不詳。坐北朝南，一間殿，當街廟。供奉關帝及周倉、關平。

關帝廟

玄極觀

【調查記錄】

　　玄極觀，甘雨胡同六號。

　　山門南向，東西小房各一間，又東西房各三間。照壁一。壁後東，碑一，額篆書"增修玄極觀碑。萬曆甲辰秋九月吉日"。陰額書"萬古流芳"，下列人名。又碑一，額篆"玄極觀記"，"乾隆七年十月"，碑陰無字。榆槐各一。又東房五間，西房四間。二門內西房五間，東房四間。北殿三間為玉皇殿，內供玉皇一尊，坐像，高丈餘。童二，高六尺。均泥塑。大鐵五供一分，"嘉靖三十六年吉日造"。大鐵磬一，"康熙丙子仲夏吉日鑄造，敕賜玄極觀"。後院北殿三間，內供真武泥像一尊，泥童二。鐵五供一分，"萬曆十八年七

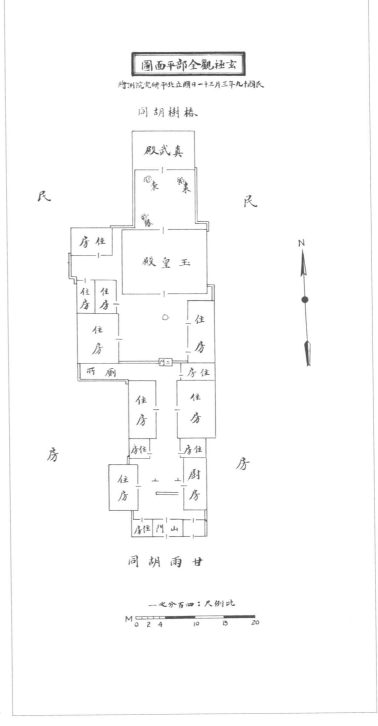

玄極觀全部平面圖
原圖比例尺：1∶400
原圖單位：米
原圖尺寸：縱27、橫15厘米

月吉日"。大鐵磬一,"康熙丙子仲夏吉日造"。地基小碑一,"敕賜
玄極觀","康熙丙子年"。地基四至分明,南至甘雨胡同東,北至椿
樹胡同西,二十方零二尺,住持道人張本真立。殿前有棗樹二,小柏成
行,小椿樹一,槐一。西小跨院北房二間,南房一間,現為公寓。玉皇
殿前有柏二,松一,丁香二,小柏成行。大寶鼎一,"大明萬曆癸巳年
季冬吉日造"。大鐵鐘一,"光緒廿二年造"。住持道士郭子恒。

注 玄極觀位于內一區甘雨胡同6號。建于明萬曆年間(1573~1620
年)。坐北朝南,觀內建築有照壁、二門、玉皇殿、真武殿及配
殿。供奉玉皇、真武。民國十八年(1929年)寺廟人口登記時有
郭子恒1人。

玄極觀山門

玄極觀真武殿

玄極觀玉皇殿

玄極觀二門

增修玄極觀碑記
明萬曆三十二年（1604年）刻
拓片縱177、橫85厘米

增修玄極觀碑額

增修玄極觀碑記

賜進士出身南京太僕寺丞前翰林院編修口

口口口口口口口口口口口起居注　經筵展書官

廣陽趙鵬程撰　夫神之至尊無上者曰　玉帝而

三官帝而　玄帝蓋有翊贊焉說者謂口口口之

上高不可ホ以口口口口口口衰戈念叩口不一祈

固不報若持壽若合符若鼓宮高斯亦難矣余曰不

然獨惠口口口口口之至可南華有口口口口誠之至

也不精不誠不能動人人至ㄗ也口不精不誠尚無以

動之況于神乎況于神之至尊無上者乎每見世人

口走口口口忘口心其可口月口而望箸車名為捐

苗口蓋手日及匍匐百拜非所斤而祈之名為口一

朝而口口金似無吞色然口以口口口口口口名為

口簿責己以口口口口以錫口既面口口誇口口名為

心口之名為口口四口口口口口南口口誠之至口

日可倒也口可口口口及也明不口口口口愚公

乎欲口太行王口二山口河曲口口而之口公

口口以口蛇之神口之告于帝口口口命口口氏

口于口二山口口之地何也口口口之也由口口之

増修玄極觀碑記録文1

口口口口口口羽然而能專精山意

委口口口口口口以口口口口太清非口口非佳

矣京城勑賜玄極觀以口口玄帝也口口有善于

口口口口三皇上帝口口為夫口口口帝口

丹口而真于口口口口口口遇參恩者兀材口厦口以全口

口口僧也近有口口殿其前從坤扵

綴流口楊雲際五色瀾口乃口信士之捐金口共

成口口口成入口口口可口口口至乎口內口陳

也口本口口昭而外也心口而内也今口口捐口

也口口之口又有口口口省口口口作必

口口口口口西口之口又有口口口之

報也即有口口口口口口口口口口笑口口豈

口人事也口口口口口口口口口青

地之口口口顧若衆之口以心也以口云口口口口之

也口口

萬曆甲辰秋九月口口口口口

増修玄極觀碑記録文2

重修玄極觀碑

清乾隆七年（1742年）刻

拓片縱179、橫84厘米

重修玄極觀碑録文1

重修玄極觀碑

重修玄極觀記額

□題士出身·□□□□□□　欽點雲南正

□□□京都□□□　諸

□□朝萬皆□□之□九月羽亥張志紀苦募

鳩工山門殿宇焉華□飛所謂蓬萊方丈之□方

□也之勝□□隱隱若合誠□皇帝之仙

源勝地典殿□奉帝座龍馭以相昭□不爽此

□□造化□□池□善□□□

紫微清虛洞陰大帝之所□也緻內據北下□□方

北極玄天上帝崇

位為坎萬化之愿皆□於乎又

奉為宜□□於昭肅穆□□暮鼓晨鐘法罷

鳴而邪起敬金香玉燭寶懺宣兩道侶議修遹遘

遵崇四方瞻仰數十百年于茲矢顧歲月既久□

寂寂□□之士過此輒興慨焉今住持□□崔

□□□堂殿□□□將見鐵馬蕭蕭仙踪

趙進□道行□□□成明

□□佽中好道者□□□□五

年閏六月十二日尊其中者□□□登引

□□□□□□□□□

重修玄極觀碑録文1

重修玄極觀碑録文2

□□□□□□帝下□□□至公□□忽

□□□□□之□眾□□□□□□

霞食氣猴嶺度關余又輝煌□□夫名刊丹臺者餐

□時者□□然其成我叙□□門□勒石俾後之□所

者□云　信士弟子黃謹　楊仕生　孫克儉　王

成　孫玉明　呂戴雄　孫全□　周希智　黃登

科　楊國臣　曾良楷　戴玉煥　巴閻楊春

王文輝　劉自福　薛廷貴　褚國棟　劉文成

龙鳳鳴　魏成祿　孫中元　□甲俊　□□

乾隆七年十月□□

大□師伯□□□喬士□□□

重修玄極觀碑録文2

土地廟

【調查記録】

    土地廟，椿樹胡同十八號。

    廟一間，南向，供土地夫婦泥像各一。此廟現歸吳蔭庭看管。

注 土地廟位于内一區椿樹胡同18號。始建年代不詳。坐北朝南，一間殿，當街廟。供奉土地夫婦。

土地廟

成壽寺

【調查記録】

成壽寺，椿樹胡同十九號。

山門南向，石額"敕賜成壽禪林。乾隆庚午夏六月穀旦敬立"。由東大門入，門洞内門房一間，有德茂齋古玩局中西文木牌。前殿三間，為天王殿，龕内供小彌勒佛一尊，木像金身。又四大天王泥像四尊。木額曰"光明普照。道光十五年歲次乙未桂月立"。破磁爐一，後龕供韋馱立像一尊，木質金身。有銅磬一，破磁爐一。東配殿三間，木額"乾坤正氣。嘉慶歲次戊辰荷月穀旦，奉天、吉林省衆等建"。聯曰"三教皆同至極則臻一□；一誠無外到頭即是九天"。中供關帝像一，左長老志公，右二郎，周、關侍立，童四，均泥像。有弓一，箭六。銅磬一。破磁爐一。上額曰"春秋士大。嘉慶十三年五月吉日，弟子額倫泰"。西配殿三間，木額曰"佛國道岸。嘉慶歲次戊辰荷月穀旦，奉天、吉林省衆等建"。聯曰"蘆葉渡來妙覺長留寶□；衣缽傳下功修近在靈台"。内供達摩三尊，立童四，均泥塑。有破磁爐一。

北殿三間，為大士殿，木額曰"覺妙人天"。殿前東，碑一，"重修成壽寺記"，額篆"重修碑記"，"粵西蕭雲舉、蜀銅梁胡繼升撰，蜀銅梁陳顯道篆，銅梁譚謙益書。大明萬曆癸丑季春吉日立"。碑陰篆書"萬古流芳"，下列永寧宮順妃李等多人名。又碑一，"敕賜成壽禪寺□"，額篆"敕賜成壽禪寺碑記"，"大明成化五年己丑"，碑陰額篆"萬古流芳"，人名脱落。西，碑一，額篆"奉天敕命"，"成化元年"，碑陰篆額，約係檀越題名，人名不清。又碑一，"重修成壽寺碑記"，額篆"重修寺記"，"大清順治十二年歲次乙未仲夏吉日立"，陰額"萬古長存"，下列人名。殿前大鐵爐一，"萬曆十八年十一月吉日造"。小槐二，内供三大士，木像金身，莊嚴五佛冠。有磁五供一分，白地藍花。大鐵五供一分，"萬曆三十八年六月吉日造"。大錫五供一分。大鼓一。左右泥塑天尊立像各十尊，高六尺。後供泥塑小韋馱像一。鐵磬一。大鐵鐘一，"天順八年五月廿五日造"。此進東小院有北房三間，東房二間，為屈宅住房。其前為南方人溫姓住宅，南北房各二間，西房三間。

再北為第三殿，殿前東，碑一，額篆"敕諭"，"正德二年七月初六日"(敕命文寶),半埋地中，碑陰無字。西，碑一，額篆"聖旨"二字，全埋地中，碑陰無字。有丁香、海棠數株。殿內正龕供毗盧佛木像一。泥童二。銅磬一。龍泉爐一，殘。錫籤二。

再北為第四殿（即後殿），正供五方佛木像，有銅、木、泥等小佛六十尊。又龕三個，內供三大士木像各三尊。又財神、馬王、火神泥像三尊，替身泥像二尊。木五供一分。鐵磬一。龍泉爐一，圓形，鋸過。其東有北房三間，東配房三間。又南東小房二間。小槐六株。

西跨院北殿三間，東耳房二間，殿有木額曰"羣生在宥。乾隆歲次己亥桂月立"，是為觀音殿。正供觀音像一尊，童四，均木像。有大錫籤瓶四。龍泉爐一，殘。銅磬一。左右十八羅漢銅像各九尊。破磁爐一。左龕內供三大士木像，騎獅、象、吼，連獸高五尺。龍泉爐一，殘。銅磬一。鼓一。小宣爐一。右龕供娘娘泥像三尊，童四，磁人三，寄存。小銅鐘一。南房三間，木額曰"善慈堂"。東西配房各三間。再西有院，北房五間為影堂，木額"枝榮百世"。東西房各三間。再北為德茂齋古玩局，西房五間，南房北房各三間。前邊西跨院，有南房七間。再西南北房各三間。

住持僧妙申，傳臨濟支派。佛會九十八寺。

注　成壽寺位于內一區椿樹胡同19號。明成化元年（1465年）司禮監太監夏時出資修建，萬曆四十一年（1613年）由永寧宮李妃及御馬監太監王輔等捐資重修，清順治十二年（1655年）信官胡文華、高國元等捐資重修。坐北朝南，寺內建築有大士殿、毗盧殿、五方佛殿、伽藍殿、祖師殿、慈善堂、釋迦殿等。供奉彌勒、四大天王、韋馱、關帝、達摩、三大士、毗盧佛、五方佛、財神、馬王、火神、觀音、十八羅漢、娘娘等。民國十八年（1929年）寺廟人口登記時有妙申等5人。

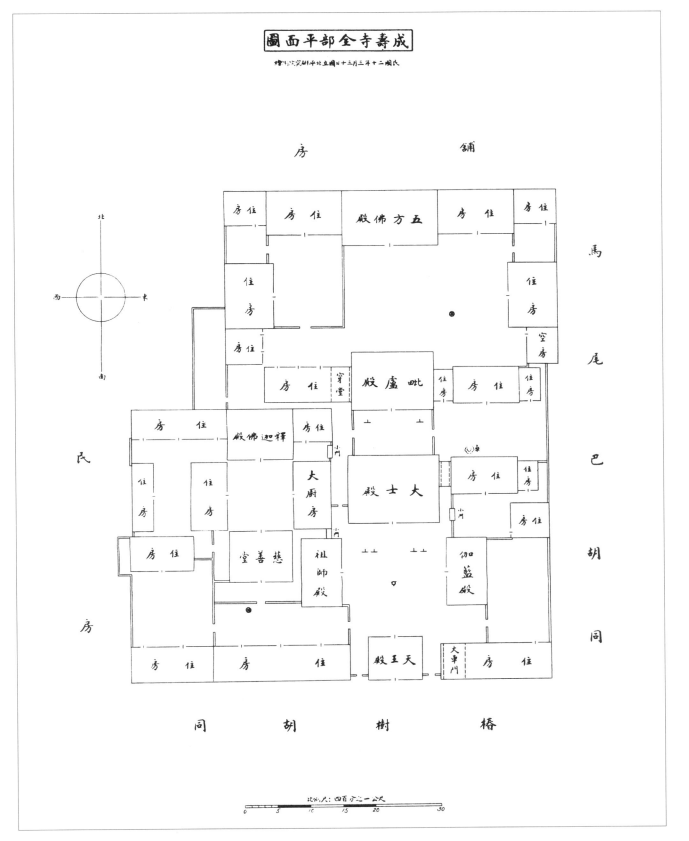

成壽寺全部平面圖

原圖比例尺：1：400

原圖單位：米

原圖尺寸：縱32、橫23厘米

成壽寺山門（天王殿）

成壽寺大士殿1

成壽寺大士殿2

成壽寺毗盧殿

成壽寺五方佛殿

成壽寺祖師殿

成壽寺伽藍殿

成壽寺佛龕雕刻

成壽寺佛像　　　　　　　　　　　　　成壽寺鐵爐

敕賜成壽禪寺碑（陽）

明成化五年（1469年）刻

拓片縱173、橫87厘米

敕賜成壽禪寺碑（陰）

拓片縱181、橫87厘米

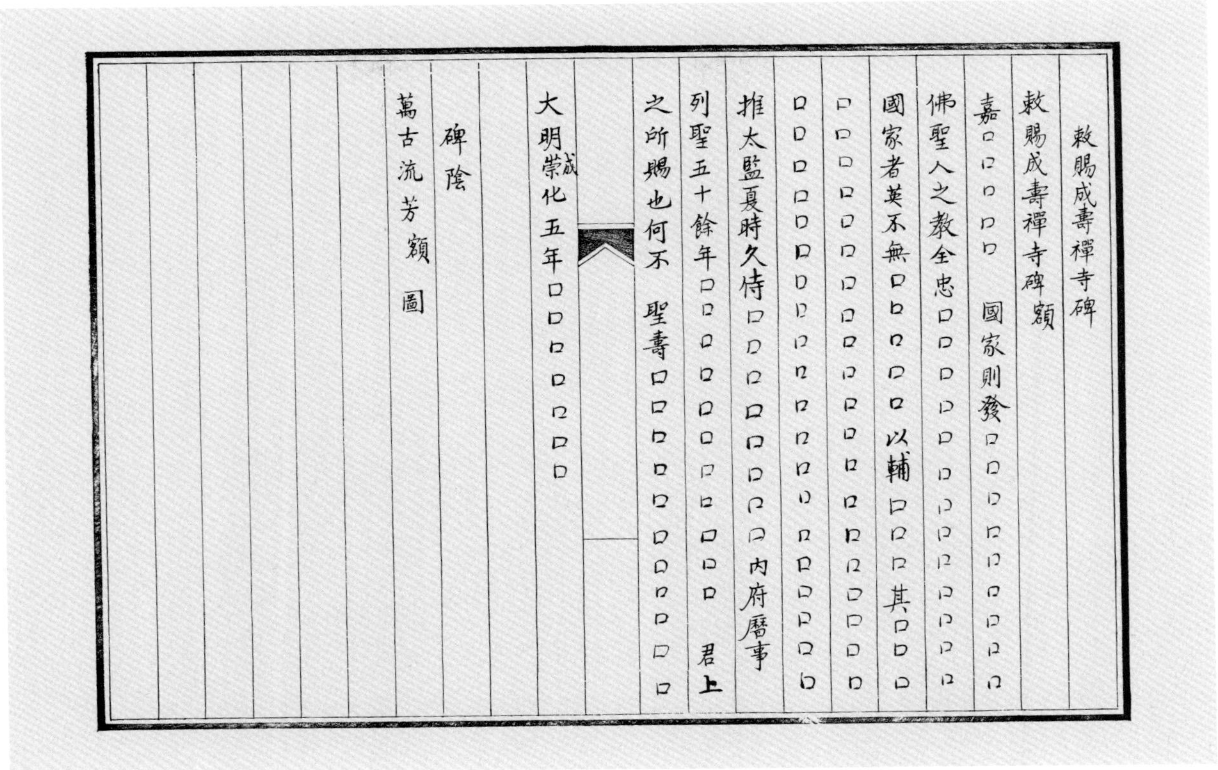

敕賜成壽禪寺碑

敕賜成壽禪寺碑額

嘉□□□□□□國家則發□□□

佛聖人之教全忠□□

國家者莫不無□□□□以輔□□其□□

□□□□□□□□□□□□

□□□□□□□□□

推太監夏時久侍□□□□內府歷事

列聖五十餘年□□□□□□君上

之所賜也何不聖壽□□□□□□□□□□

大明崇化五年□□□□□□□

碑陰

萬古流芳額圖

敕賜成壽禪寺碑錄文

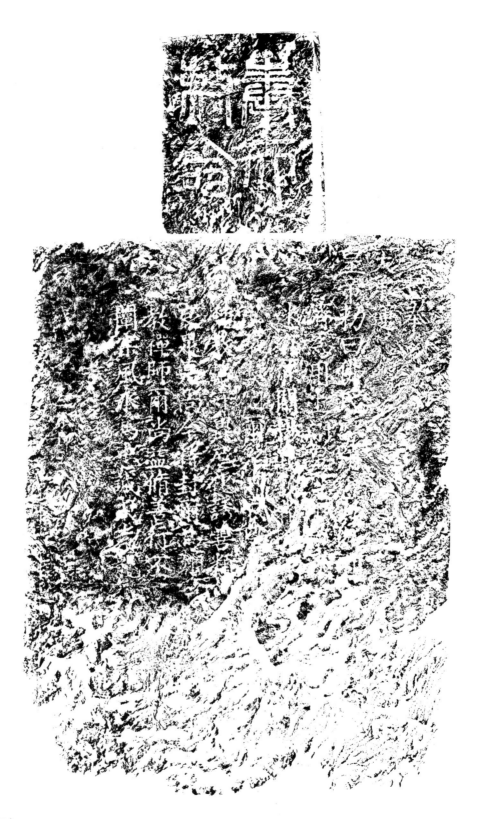

敕封翊教禪師碑
明成化年間（1465～1487年）刻
拓片縱162、橫86厘米

奉天勅命碑

奉天勅命額

奉 天承運　皇帝勅曰　佛氏盛太□□□□

濟為用上為君□□□□□□迷有能闡揚

□□□□□□□□□囊教□□□□□誘善教□

□□□□□□良足□尚　令特封爾為彌□□□

□敎禪師爾尚益脩善行□□□□□□□□□

闡□風□為忠威□□□□□□□□□

□□□□□□□□□□□□□□□□□

敕封翊教禪師碑錄文

皇帝勅諭官員軍民人等

朕惟人臣之能効勞於國者雖其歿巳久朝廷猶追卹而襃崇之所以示不忘也故司設監太

監夏時及事

太宗文皇帝隨征迤北冒犯矢石前後歷陣

七朝六十餘年多著勞勣其埋塋今在景山其存日造寺三區一曰定慧二曰成壽三曰崇化皆

先朝勅建今又特建祠堂一所賜額曰崇勳護勅碑亭三座用示不忘僧錄司左覺義宗富右

經僧人宗文性左覺義宗厚右覺義各無本寺住持其前後置買到順天府懷柔縣富樂里地

共七項二十畮順義縣太平里地共四項三十四畮俱與定慧寺供給香火德勝關土城西角

地二項零八畮俱與成壽寺供給香火安定關地二項餘畮又地二項七十畮俱與崇化寺供

給香火其該徵糧草并雜泛差徭悉與除豁尚應年歲久遠或有勢豪橫肆侵毀茲特降勅

約凡官員軍民人等敢有不遵勅者作踐侵占者必罪不宥故諭

正德二年七月初六日

敕諭成壽寺碑

明正德二年（1507年）刻

拓片縱192、橫85厘米

勅諭成壽寺碑

勅諭額

皇帝勅諭官員軍民人等　朕惟人臣之能効勞於

國者雖其没已久朝廷猶追卹兩褒崇之所以示不

忘也故司設監太監夏時及事　太宗文皇帝隨征

迤北冒犯矢石前後歷侍　七朝六十餘年多著勞

勣其墳塋今在景山其存日造寺三區一曰定慧二

曰成壽三曰崇化皆　先朝勅建今又特建祠堂一

所賜額曰崇勳護勅碑亭三座用示不忘僧錄左覺

義定寶陛左講經僧人宗文陛左覺義宗厚右覺義

各於本寺住持其前後置買到順天府懷柔縣富樂

里地共七項二十畝順義縣太亨里地共四項三十

四畝俱與定慧寺供給香火德勝關土城西角地二

項零八畝俱與成壽寺供給香火安定關地二項餘

畝又地二項七十畝俱與崇化寺供給香火其該徵

糧草并雜泛差徭悉與除豁尚應年歲久遠或有勢

豪橫肆侵毀兹特降勅禁約凡官員軍民人等敢有

不遵勅旨作踐侵占者必罪不宥故諭

正德二年　勅命　寶七月初六日

勅諭成壽寺碑錄文

二二一

重修成壽寺記

北平研究院
北平廟宇調查資料匯編【內一區卷】
二二四

賜進士□正議大夫資善□尹府事府掌府事吏部左侍郎兼翰林院侍讀學士前國子監祭酒知

詰勑纂修起居注管理

賜進士出身文林郎貴州道御史蜀銅梁胡繼升撰

賜進士出身吏部考功清吏司主事蜀銅梁陳顯道篆

鄉進士蜀銅梁譚謙益書

成城東里許為成壽寺成化禪者與其兄夏時中貴創為草昧鳩工治制弗倳嘉靖初慈恩寺比丘藏小亦實以寺廢奉

正史侍經進日講官粵西蕭雲舉

題入居臨其制募內外金粟晶而祝之門啟樓廡無異谷而軒偉壯麗更饒雅餝寶像一切莊嚴逼真不尨而光不霞而欄疊雲法雨燁燁千琳瑯金粟之際也比丘募貯未幾輒經始泉萃難之比丘指其餝曰不繼佐以是耳落成計費不啻半出比丘中無不以運輸神之者比丘世事秘密教嘗使西域食大官賜頗厚廩還之日橋携至燕而已無何香積鹽梅之屬名松大內再還普恩寺居益饒藏比丘自養泊如而能捐其所有以盡制兜率豐儉之適達者何以加焉子長傳五湖公隨在致鉅賞隨在揮憚後人以為美譚今有比丘而不傳於司馬之筆豈非闕歟意世果有佛佛果有屋耶世人稍稍解語莫不指夫地為寓寓之中復有寓耶是故浮屠說佛骨艄言也比丘花喻於常住之義為從事者示諸斯爾是為記

大明萬曆癸丑季春吉日立

重修成壽寺記（陽）録文1

重修成壽寺記

重修碑記額

賜進士第正議大夫賢治尹詹事府掌府事吏部左

侍郎兼翰林院侍讀學士前國子監祭酒知　起居

注管理　誥勅　纂修　正史侍　經筵日講官尊

西蕭雲皋　賜進士出身　文林郎貴州道御史蜀

銅梁胡繼升撰　賜進士出身吏部考功清吏司主

事蜀銅梁陳顯道篆　鄉進士蜀銅梁譚謨益書

禁城東里許為成壽寺成化禪者與其兄夏時中貴

創焉草昧鳩工治制弗備嘉靖初慈恩寺比丘藏卜

亦實以寺癢奉　題入居臨其制募內外金粟鳩而

叙之門殿樓廡無異名而軒偉壯麗更鏡雅餝寶像

一切莊嚴逼真不旭而光不霞而爛臺雲法雨燁燁

乎琳瑯金瑩之際也比丘募貯未幾輒經始泉率難

之此立指其鋒日不繼佐以是可落成計費不賞半

出此立鋒中無不以運輸神三者此丘世事秘密教

嘗使西域食大官　賜頗厚嚴遷之日橢携丘蔑而

己無何杳積塩梅之屬名於　大內再遷普恩寺居

益饒城比立自養泊如而能捐其所有以盡制黨率

豐儉之道達者何以加焉子長傳五湖公随在致鉅

重修成壽寺記（陽）録文1

賞随在擇擷後人以為美譚今有此立而不傳於司

焉之筆宣非關我噫世果有佛佛果有居耶世人稍

稍解語莫不指天地為寄寓寓之中復有萬鄔是故

浮屠說佛脅喻言也此立托喻於常住之義為從事

者示諸斯爾是為記　時

大明萬曆癸丑季春吉日立

重修成壽寺記（陽）録文2

重修成壽寺記（陰）

拓片縱200、橫86厘米

碑陰

萬古流芳額

內外施財助緣善信功德主開刻

永寧宮順妃李　淑人李門王氏

婆太張聰女　監口口口御馬監僉書中府草塲管　婆太徐九吉女

事左監丞李和　東宮馴乘局局郎御馬監太監王

輔內府供用庫總理御馬太監孫進朝　御馬

監太監李進忠　錦衣衛左所正千戶李誠總　中

軍都督府左都督李誠鑑　皇親錦衣衛正千戶王

道化　皇親錦衣衛正千戶李譚　內承運庫掌印

大監孫順　乾清管事內官監太監常雲　乾清宮

近侍內官監太監王虎　司禮監掌司事劉進壽

御馬監左監丞李成　內官監左少監西直門管事

左欽內官監左監承張祥　隆福寺冠帶住持西直門管事張恩　口口司

禮儀黃理西棧雙林寺張祥　隆福寺冠帶住持善杳

隆福寺冠帶住持三口　隆福寺冠帶住

隆福寺冠帶住持糧念　承領功德成壽寺冠帶住

持藏卜亦實　監造工程繕書信士張尚義　內官

監左監永張滕　內官監太藍董暹　內官監太監

吳孝御馬監左少監周全　內府供用庫總理御

重修成壽寺記（陰）録文1

馬監太監王銀　御馬監太監姚斌　惜薪司管理

御馬監太監王庫　兵伏局管理御馬監太監王進

學東厰十戶泉壽　東厰十戶蘇尚美　錦衣衛

千戶駁恭　鴻臚寺序班課材　梁應登　梁翠

宋方清王朝　孫洪陳紀　張滕王臣

陳清張朝　李貴　袁受　朝朝　葉志義　劉

寶范開樂　張朝　楊惟魯　張光先　馬壽

張麟慶進　焦義焦口　楊齡　高朝　傅維

教傅維訓　朱椿　石國寧　紀應奎　郤忠

馬恩馬德　戴連　光國棟　刘事業　刘蔵春

王應元　王有德　李記　李田　張恩　張邁

張進　張應禎　張應龍　張應祥　張國泰　趙

欽張進忠　蘇忠　張承紹　牛禎　李乾　王

鎮董欽董實　曺一魁　趙樂　王守忠　馬

金劉貴　張義　陳仲舉　范朝田　舒忠　姚集

王忠高大用　王朝用　殷良弼　劉忠　周進

明郎炳　譚國用　王國安　李永安　談科　陳

張汝秀　羅會闡　張祥　王之賞　劉進秀

葛進義　郭昇　劉用　范用　魏賢　牛用　苗進用

陳科陳明　郭炳　寶全開　張群　王之奇

重修成壽寺記（陰）録文2

劉進赤 葛進益 郭昇 劉用 范用 牛用
苗進用 陳忠 楊進 譚惠 王宇 王嘉言
全進 張項 瞿應舉 周邦用 劉永 周祥
徐泰 李時 馬永書 李能道 陰口 田用
用田 牛王 吳奉 張愛 顧雲志 陳文盛
陳 陳銳 閻穩承 李用 焦潮 王勳 韓鎰 朱應
臣 陳文棟 邊用 楊大科 王成 陳
忠 李萬緇 王國棟 符朝孔 劉可成 徐受
陳景夏 李淮 劉榮 劉淮 李孟春 焦明
韋詔 馬永 文之口 范繼學 宋偉 丁江
蔡應海 口世朴 張魁 范邦珍 李增科 謝
廷柱 吳應選 畢鏡純 孫祖繕 錢明道 文
之焲 孫進朝 楊進孝 蔣紹 陳尚義 劉定
顧雲洪 符朝鑾 雷一柱 李堂柱 吳尚志
張應魁 于宗賢 張江 鄭松 黃如安 葛邦
化 李昇 王晁 賈秀 王清 王進泰 黃文
忠 范國鑑 紀彥愈 于守嗣 成萬安 王文
祿 周文安 王時春 耿道 李雨 鄒梁春
謙 張應科 李德文 泰應邊 耿文俞 周正
定 李達住 李禄 崔守志 周記 黃素智

重修成壽寺記（陰）錄文3

潘秉智 廖用 黃崇鑑 正進朝 曹禄
俞澄 高昇 苑進朝 張昇 林金山 王朝用 徐宗瀋
劉卯 王昇 張應春 周位 張佩 東進朝
張奉 杜朝 孟銑 張進 張政 王禮 鄧恩
賈恩 王憲 吳尚朝 李現 司忠 何應選
田進忠 杜進忠 張和 馬得時 于成 劉進
劉忠 王棟 周儒 王有道 王應 李忠
吳存義 李進誠 張堂 井朝 韓朝 楊忠
蕭成 李語 黃艾 張本治 張大成 李明
譚相 通昇 劉斌 樊用 李敬 李光 張忠
陳應元 陳文舉 劉棟 劉廷璜 楊時志 丁
應文 李寶 秦文源 王相 李從道 周和
張文 承領功德成壽寺冠帶住持藏卜亦寶 第
一代孫 僧錄司李文善成壽寺冠帶住持 貴歸 東司丹
第二代孫成壽寺僧錄司冠帶
緯 倫照 第三代孫成壽寺冠帶住持 真薛
真聰 官小 口竹 真輝 康豐 第四代孫
僧錄司口補覺義成壽寺住山 如環 如珮 如
琳 如瓚 如琦 如璩 如珍 如璧
如瑁 如玶 如現 如瑛 如璫 如瓊 如堊

重修成壽寺記（陰）錄文4

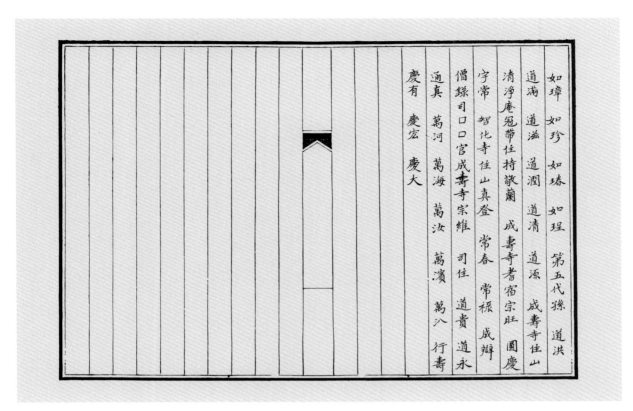

如璋　如珍　如瑝　如珵　第五代孫　道洪

道滿　道滋　道潤　道清　道源　成壽寺住山

清淨庵冠帶住持敬蘭　成壽寺耆宿宗旺　圓慶

宇常　智化寺住山真登　常春　常祿　成辯

僧錄司口口口官成壽寺宗維　司住　道貴　道永

通真　萬河　萬海　萬汝　萬濱　萬八　行壽

慶有　慶宏　慶大

重修成壽寺記（陰）録文5

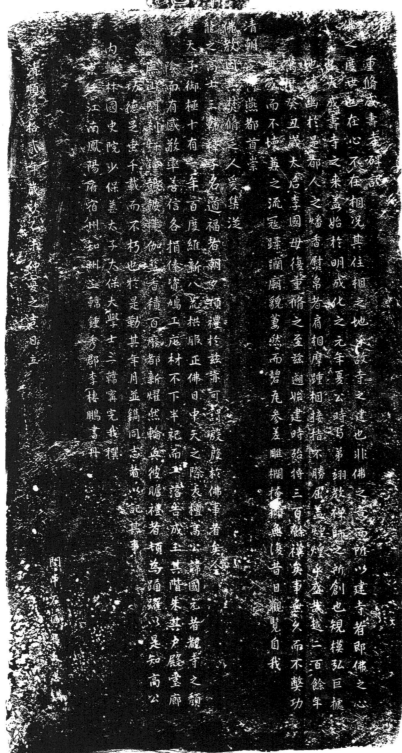

重修成壽碑記

城之遶世也在心不在相況其住相之地矣故寺之建也非佛之意而所以建寺者即佛之心以建寺者即佛之心也非佛之

清朝之優世也地於是都人之禱香烟者肩相摩踵相接指不勝屈風盖翳煌炳炳爛二百餘年

能之高士三韓寧完我名道福者朝如順禮於茲赤可謂厥盛矣佛軍者臺金

天子御極十有年盲度維新八荒拱服正佛日中天之際表種高山蕩國冠者讚寺之額

內林園史院少保善太子太保大學士三韓寧完我撰郡李棲鵬書丹

清順治拾貳年歲次乙未仲夏之吉日立

重修成壽寺碑記（陽）

清順治十二年（1655年）刻

拓片縱190、橫87厘米

重修寺記額

重脩成壽寺碑記

佛之度世也在心不在相沈其住相之地乎故寺之

建也非佛之意而所以建者即佛之心也夫成壽寺

之来盖始於明成化之元年夏公時与弟翔教禪師

之所創也規模弘巨據地清幽於是都人之爐香尉

帛者肩相摩踵相接指不勝屈盖埋埕乎盛哉越二

百餘年萬曆癸丑歲大后李國母復重脩之至茲逈

始建時始将三百餘禩矣事無久而不弊功無成而

不壞熏之流冠蹂蹭廟貌蓁然而碧瓦参差雕欄掩

抑無復昔日觀覽目我　清朝定鼎燕都首崇　佛

教因其焚脩乏人爰集浚　龍之高士三韓釋子名

道福者朝夕頂禮於茲亦可謂殷殷於佛事者矣今

聖天子御極十有一年百度維新八荒拱服正佛日

中天之際大檀高公諱國元者覩寺之顏淪而有感

敬率善信各捐俸資鳩工元材不下丰祀而工落告

成玉其階朱其戶殿堂廊廡山門刹杆鐘皷皷樓伽

藍香積百廢都新爛然而彼瞻禮者頃為踴躍以

是知高公之功德足垂千載而不朽也於是勤其年

月並鐫同志者以記其事

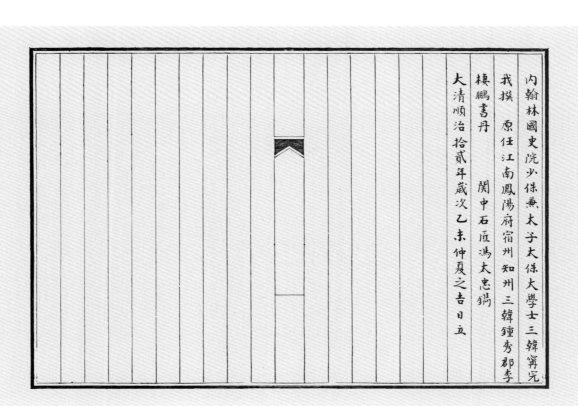

内翰林國史院少保兼太子大保大學士三韓箏兔

我撰　原任江南鳳陽府宿州知州三韓鍾秀郡李

棟鵬書丹　關中石匠馮太惠鐫

大清順治拾貳年歲次乙未仲夏之吉日立

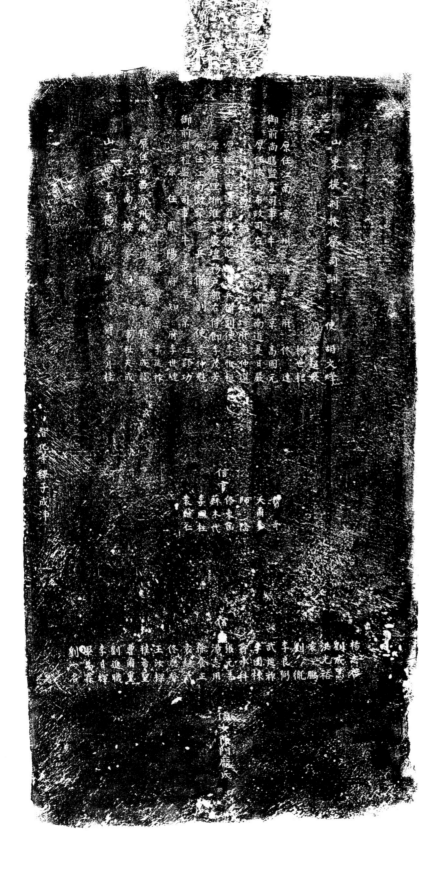

重修成壽寺碑記（陰）
拓片縱189、横87厘米

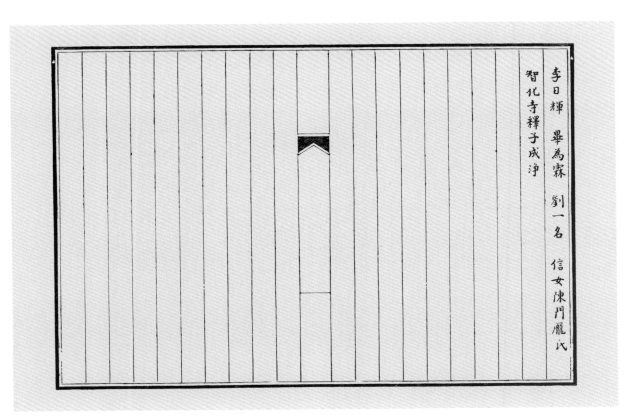

萬古常存 額

山東提刑按察司副使胡文燁　武趙泉　楊世柏

原任江南常州府知府佟達

御前尚膳監寧司事牛彔章京高國元

原任陝西布政司右叅政分守關南道夏日嚴

山西潞安府知府表仲選

原任山西通省糧儲屯田道兵備副使李堆桓

原任督理浙淮等處鹽務戶部右侍郎李茂芳

原任江南徽寧道兵備副使表仲魁

御前司禮監寧司事牛彔章京汪顯功

原任鳳陽府知府李世璉

牛彔章京李延祚

原任山西汾州府洪洞縣知縣李成龍

江南按察司知事杜天成

山西平陽府知府李月桂

信官　寳哥　天爾多　師隆　佟東山　蘇木代

李國柱　表繼仁　信士　楊志啓　劉成焄　洪

光裕　表鵬　劉彪　李良弼　武延祚　李國棟

翁承科　張元善　湯志用　徐養正　表繼武

佟應登　王汝祿　程希聖　曹爾璽　劉進職

重修成壽寺碑記（陰）録文1

李日輝　畢為霖　劉一名　信女陳門龐氏

智化寺釋子成淨

重修成壽寺碑記（陰）録文2

北極聖境

【調查記錄】

北極聖境，油房胡同十九號。

山門南向，照壁上磚刻"北極聖境"。山門前有碑一，額篆"重修寶和店玄帝廟碑記"，"天啓四年歲次甲子立夏之日吉旦"。碑陰太監人名已刨。山門內北殿一間，龕內正供真武一尊，童八，均泥像金身。又小金佛一尊。有鐵五供一分。銅磬一。鐵磬一，"康熙五十三年歲次甲午十二月吉日造。真武廟供奉"。後龕供小韋馱泥像一尊。後進北殿三間，為玉皇殿，龕內供玉皇大帝一尊，泥像金身。配像六，旁立，泥塑金面。有鐵五供一分，"崇禎元年十二月吉日造"。大鐵磬一，"同治十一年四月十五日，北極寺玉皇大帝"。左供藥王泥像一尊，泥童四，木籤瓶左右各二，鐵爐一。右供財神泥像一尊，泥童四，木籤瓶左右各二。鐵爐一，"天啓年造"。小鐵鐘一。又土地夫婦小泥像各一。玉皇殿前碑一，係修建和遠店玉皇殿碑記，額篆"重建玉皇殿記"。平湖陸光祖撰，邢臺王聞智書。萬曆壬辰歲孟夏吉日立。陰篆"萬古流芳"，人名已刨。有明末古槐一株，又槐一。大寶鼎一，"光緒二十二年立"。又碑一，倒臥無字。此為梁少卿家廟，本胡同十八號。

注 北極聖境（又稱真武廟）位于內一區油房胡同19號。始建年代不詳，明萬曆二十年（1592年）重建。坐北朝南，寺內建築有真武殿、玉皇殿。此處曾為明代東廠所設六店舊址之一，後為梁姓家廟。供奉真武、韋馱、玉皇大帝及藥王、財神、土地夫婦。

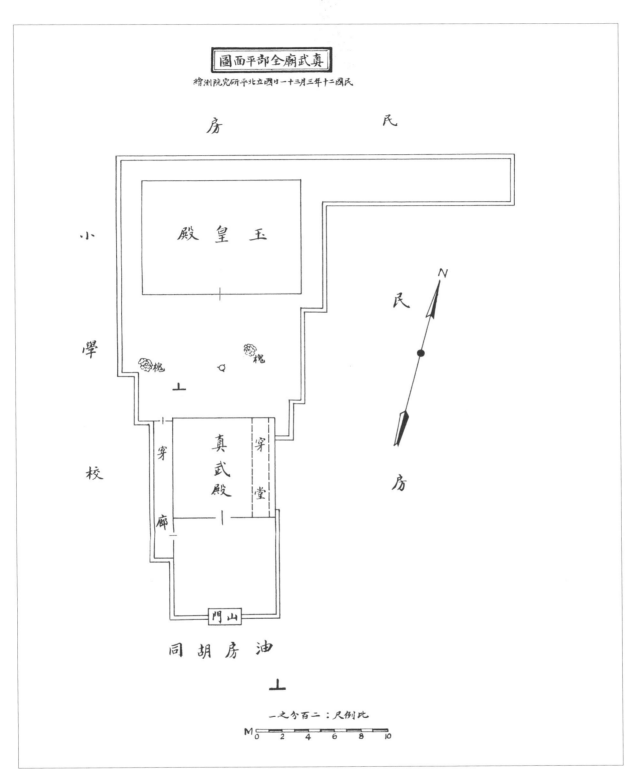

北極聖境全部平面圖

原圖比例尺：1：200

原圖單位：米

原圖尺寸：縱30、橫20厘米

注：真武廟即北極聖境

北極聖境山門

北極聖境真武殿

北極聖境玉皇殿前寶鼎

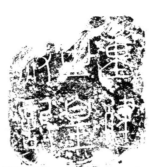

修建和遠店玉皇殿碑記（陽）

明萬曆二十年（1592年）刻

拓片縱124、橫84厘米

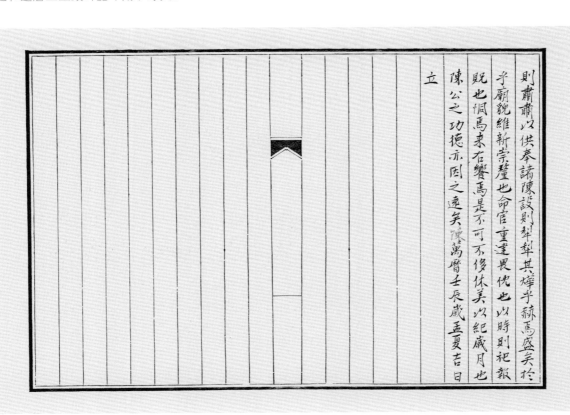

修建和遠店玉皇殿碑記

重建玉皇□記額

資政大夫正治上卿而京畿平湖

陸先祖撰　亞中大夫太常寺卿□理　制勅事務

蕭司經局正字直內閣預修　國史　武英殿中書

房辦中書事鴻臚寺序班邢台王閭智書　國家於

一祀典凡重而不苟焉以名號則嚴以綸祀則時其

有功德於民文□誠以此祀不重則被祀□輕而足

國裕民之咸賴者尤人情之亟欲□□□鷙百貨歲

條眾臣萬計□□　大內供　上周其有功於國慈

博不領於經費佐急於司農其有德於民慈宏　世

廟時梁太監鉶膏用厚賞物　玄帝廟供梵修答神

既矣顧地宇湫隘規模畢揆且□□漸頹不□□□

□□　尊神明慈提督太監陳公相素抱虞誠每過

輒愓更新之愈焉顧□□□□□當不足以明重

慈聖皇太后亟懇之若曰惟茲　皇店天下之大計也

惟栽　玉皇天下之尊神也以大計奉尊神惟　聖

母為萬世圖之　吉曰可於是發　內帑鳩工飭材

創　玉皇寶殿三檻於其上以垣墉則嚴嚴以方丈

修建和遠店玉皇殿碑記（陽）録文1

則肅肅以供奉諸陳設則犖犖其煇乎赫焉盛矣於

乎廟貌維新崇寔也命官重建畏恍也以時則祀報

既也惆焉來右饗焉是不可不傚休美以紀歲月也

陳公之功德亦因之遠矣陳萬臂壬辰歲孟夏吉日

立

修建和遠店玉皇殿碑記（陽）録文2

修建和遠店玉皇殿碑記（陰）

拓片縱173、橫84厘米

萬古流芳穎

口口唐總口口御馬監太監陳相　惜薪司僉書御

馬監右口口口口口　惜薪司口口口口　司礼監

大監口口口　神宮監口口口口口　永口口　夫

口口　口順口　王口口　口顯　口成口　杜

口口　方口口　耿口口　林口口　紀口口

登口　何口口　王子忄　顧口口　口口文　佟

世口　口玉忠　口口口　王口才　李有口　弓

口車　丁廿口　女文口　口口口　口口口　口

口口　口口口　口口口　張九功　口口口　忠

口口　刘志口　高存誠　王存讓

修建和遠店玉皇殿碑記（陰）録文

萬善寺

【調查記録】

萬善寺，王府大街六十八號。

山門西向，木額“萬善寺”。内有義順局油漆作。門内木額曰“萬善同歸。光緒戊午春月穀旦津郡信士弟子張萬和敬立”。大門内南小房二間。義順局在北小院，有北房三間，東西房各一間。前殿一間，為關帝殿，木額曰“乾坤正氣”，有輔國公章。聯曰“英雄幾見稱夫子；豪杰于斯乃聖人”。龕内正供關帝一尊，木像金身，甚精工。周、關侍立，泥塑。有鱔魚青磁爐一，殘。大鐵爐一。大鐵磬一，“道光二十三年”。聯曰“歷晋歷唐歷宋歷元明迨佑啓本朝合千百祀俎豆馨香所憑依如在左右；曰侯曰公曰王曰帝君更稱為夫子統億萬人智愚貴賤有血氣莫不尊親。道光歲次丙午孟冬穀旦，奉天理事通判紅帶子台隆阿謹叩”。後龕供木韋馱立像，龕工甚細。又娘娘小泥像一，泥童二。殿前有槐一株。碑一，已脫落。據寺僧云，係康熙十八年《重修明廟碑記》。第二殿為大雄殿，内供釋迦佛木像一尊，連座、光高丈許，工細，袈裟二，旁立，連座高八尺。有藍琉璃五供一分。小銅磬一。聯曰“塵心洗脫寒泉碧；法象全同秋月明”，有顯親王寶。南房三間為私塾。北房三間為郝記油漆作。院内有槐一，大魚缸一。殿南夾道内南房四間，北夾道北房二間。第三殿五間為大悲壇，木額曰“大悲寶壇。大清咸豐元年四月佛誕日立。賜進士出身吏部尚書柏葰沐手敬書。戒衲道然敬募重修”。殿内正供大悲一尊，木像金身，連座、光高丈餘，工細。左小彌勒木像一。右千手佛一尊，連座、光高丈餘，工細。有木五供一分。木魚一。哥磁爐一，殘。銅磬一。又木小佛六尊。南北配房各三間，現為住宅。

住持僧月如。雲門宗派。

注　萬善寺位于内一區王府大街68號。建于清康熙年間（1662～1722年）。坐東朝西，寺内建築有關帝殿、大雄殿、大悲壇及配殿。供奉關帝、韋馱、釋迦佛、大悲佛、彌勒佛、千手佛等。民國十八年（1929年）寺廟人口登記時有月如等3人。

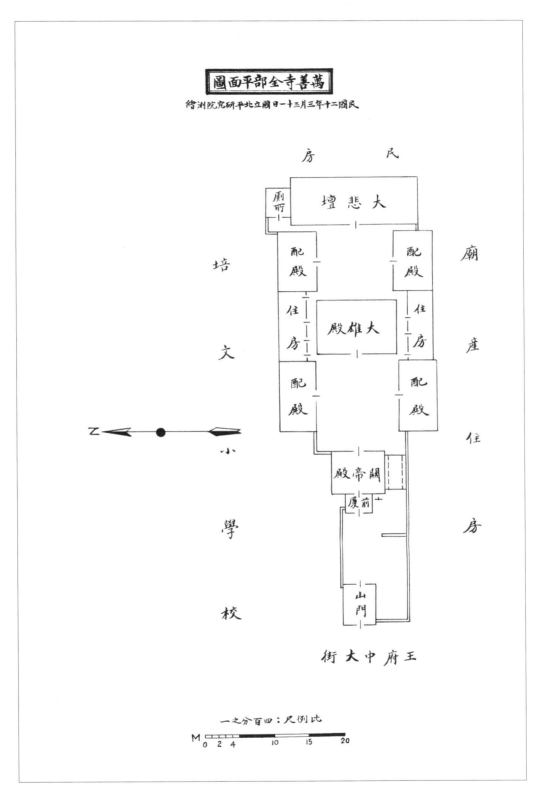

萬善寺全部平面圖

原圖比例尺：1：400

原圖單位：米

原圖尺寸：縱28、橫17.5厘米

法華寺

【調查記錄】

法華寺，報房胡同四十四號。

山門南向，石額"敕賜法華禪林"。第一殿（即前殿）三間，為哼哈殿，正供小彌勒泥像一尊，有龕。緑琉璃方爐一。左右列哼哈二將，泥塑，甚大。大鐵爐一，"大明嘉靖二十八年十月吉日"。又大鐵爐一，同上。殿東有南房三間，院内古槐二，大旗竿二。又圓鐵爐一，"大清乾隆五十七年吉月吉日造"。小槐樹三。東鐘樓一，上懸大鐘，"大明天順五年歲次辛巳四月佛降誕日，住山沙門德聚鑄造"，并列本寺中貴檀越太監盧永、陳盧、韋政等名。高約八尺，聲清越。西鼓樓一，内有大鼓一。

其北第二殿為天王殿，木額"天王殿"，方形木牌四，上書"十方常住"。正龕供彌勒佛一尊，木像金身。鐵五供一分，"大清乾隆五十八年四月置"。左右四大天王泥像，偉大莊嚴。有鐵香爐三。又鐵香爐一，"康熙十三年立"。後龕供韋駄立像一尊，木質金身，高約四尺，工細。鐵五供一分，"大清乾隆五十八年四月置"。東耳殿三間，木額"藥王殿"，内供藥王泥像二尊，泥童二。鐵五供一分，"乾隆五十八年四月"。西耳殿三間，木額"娘娘殿"，内供娘娘九尊，泥塑。泥童六，侍立。小泥、木佛共七尊。有大緑琉璃五供一分。鐵磬一。圓鐵爐一，"道光己酉年造"。後有木額曰"護法安僧"。

又北第三殿為大雄殿，木額"大雄殿"，内供三大士三尊，木像金身，法身甚大，連座高丈餘。木童二，即袈裟，立像，高八尺。官窑白地藍花大磁五供一分，"大清嘉慶辛酉年造。法華寺。九江關監督阿克當阿敬謹供奉"。錫五供一分。硬木小獅子燈一對。殿上木額"慧照澄心。雍正御筆"。聯曰"如來如不來為佛來早我來遲咄者是胡説；本覺本無覺唯性覺真塵覺妄噫全在當人。光緒七年歲次重光大荒落丁酉月，赫舍里如山敬書于長蘆鹺署但受諸樂齋"。東西有十八羅漢，木像金身。又菩薩六，木像金身，左右各三。東彌勒一，西達摩一，均木像金身。鼓一。小銅鐘一，"正德十一年造"。大木魚二，小木魚一，銅磬一。大鼓一，徑四尺餘。銅鐘一，"大明正德八年歲次癸酉五月吉日鑄造"。後供釋迦佛一尊，袈裟二，左右菩薩二尊，均木像金身。有錫五供一分。大鼓一。雕梁畫棟，工程甚佳。西配殿三間，木額"祖師

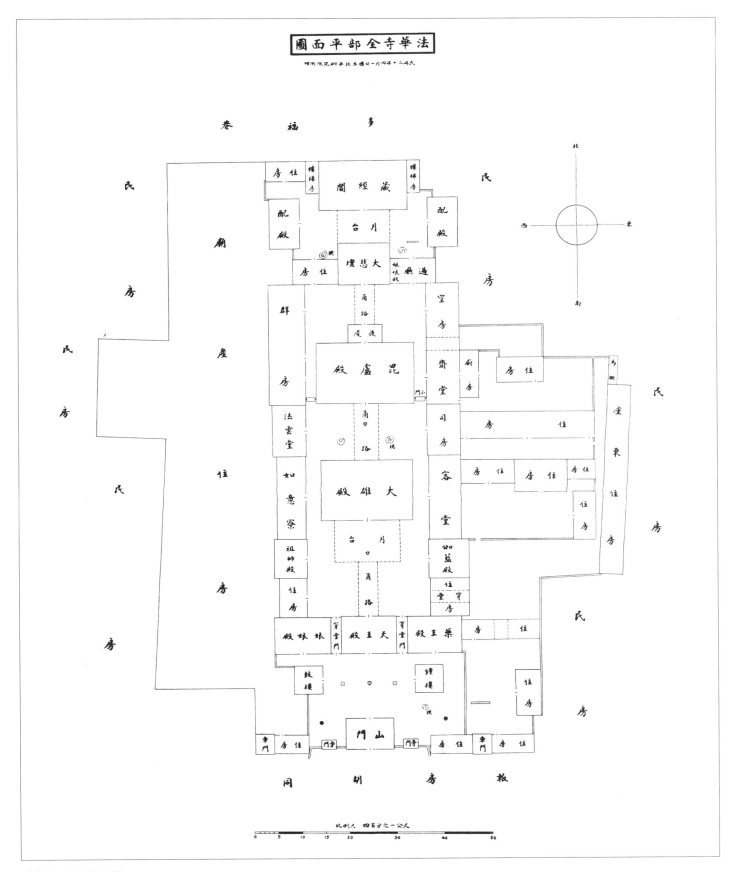

法華寺全部平面圖

原圖比例尺：1：400

原圖單位：米

原圖尺寸：縱45.7、橫35.4厘米

殿"，聯曰"渡江有意誰能識；面壁留形永不磨"。殿內正供達摩泥像三，南配像二，北配像三。鐵五供一分，"乾隆五十八年四月"。又南有西房三間，為磨房。東配殿三間，木額"伽藍殿"，內供關帝、二郎、伽藍像三尊，周、關等六尊，又童一，馬童各一，均泥塑。鐵五供一分，"乾隆五十八年"。再南為東大門過道，有房二間。大雄殿前左東一碑，"重修法華寺碑記"，"建極殿大學士少傅兼太子太傅吏部尚書黃立極撰。天啓丁卯夏月既望"。額篆"重修法華寺碑。都人李登瀛鎸"。碑陰題名。又碑一，"敕賜法華禪寺記"，"古邠閣本撰，廣陽趙昂書，中州朱永撰。成化十年春三月上吉立石"。額篆同。陰無。又碑一，額書"永垂不朽"，德保撰，富炎泰書。陰刻"曹洞宗派"，乾隆年。西一碑，"法華寺德悟和尚行實碑記"，額書"萬代流芳"，"大清乾隆四十三年仲秋吉日吉林德隆撰，合肥蕭際韶書"。陰無。又碑一，"敕賜法華住山寶峰聚禪師行實碑"，額同，惟多一寺字。鳳陽郭登篆，古唐李觀撰，玉峰范階書，"成化七年歲舍辛卯春三月吉日門徒文筆等立石"。陰題"千祥永積"。又碑一，"法華寺別院記"，額同，"萬曆四十三年歲次乙卯孟秋吉旦"，陰額"萬古流芳"，人名，佛語，"萬曆甲申佛成道日"。古槐二，在大雄殿月台下。又古槐四。大銅寶鼎一，"大清乾隆五十八年歲次癸丑四月吉日立。法華寺第廿四代住持僧如元敬獻"，工細，漢白玉座亦佳，連座高一丈五尺。月台上有石日晷二。南壁西刻石，崇啓撰，文紳書，光緒二十八年月立，隸書。報房胡同即豹房胡同，此為明太監劉通私寓也。南壁東刻石，"重修法華古剎德澐行實碑記"，崇啓等和尚謹述，南豐趙世駿書，"光緒二十八年歲次壬寅正月穀旦建"。大雄殿東夾道內東房六間，木額"客堂"。西夾道西房六間，木額"如意寮"。

第四殿有木額曰"毗盧殿"。又木額曰"弘宣妙法"，內供毗盧佛一尊，木像金身，坐像，法身甚大，高丈許，前面有小木牌樓四，黃綠紅花籤瓶各二，錫爐一，左供南海一尊，右佛一尊，均木像金身。後面兩牆及東西牆均係木龕，小格俱有小佛，即萬佛閣也。殿前有漢白玉大寶鼎一，高丈餘，工細，"大清乾隆五十八年四月，法華寺住持僧如元敬獻"。槐柏各二株，東配房三間，木額"司房"。西配房三間，木額"法雲堂"，為學社。後額"靜妙清塵。阿南天尊降筆。光緒丙申季秋朔日立"。毗盧殿東夾道有鐵雲板，木梆。又小銅鐘各一。東房三間，為齋堂。又北有東房三間。西夾道西房三間。又北有西房三間。

第五殿三間，木額曰"大悲壇。阿南天尊降書。光緒丙申季秋朔日立"。內供大悲一尊，木像金身。泥童二，左佛一，木像金身。右觀音一尊，銅像。木五供二分。大鐵磬一，上有紙額題曰"慧照澄心。雍正御筆"。東耳殿一間，為娘娘殿，上額"光明慈惠"，內供眼光娘娘等像二尊，泥塑。綠琉璃爐一。又連過道房二間。西耳殿三間，空。

第六殿，上有木額曰"藏經閣"，下木額曰"心空及第"。殿共五間，供
旃檀佛立像一尊，木質金身。前為達摩像，亦同。此為禪堂，東西有配房各三
間，空。又西耳閣一間，西北隅北房三間。東耳閣一間，古槐二。東北隅小院
一，為廁所。古槐一。又南有東小院，西房三間，北房三間，為厨房院。由客
堂過道東去，有北房六間，東房三間，有官長及兵住之。古槐一。又東有小夾
道，甚長，南北約十餘丈，有東小房九間。又北小房七間，前堆干草。又南東
房五間，其三間已無門窗，作為馬號。再南大門，兩旁各有房二間，再南即大
街，門內有東房三間，南房三間。西院為公安局民衆第三校，內一第十、十二
坊合組公所。

本寺現住持僧洪濤。

注 法華寺位于內一區報房胡同44號。明景泰年間（1450～1456年），太監劉通
之弟劉順舍宅為寺。坐北朝南，寺內建築有鐘鼓樓、天王殿、大雄殿、毗
盧殿、大悲壇、藏經閣、藥王殿、娘娘殿、伽藍殿、祖師殿、如意寮、法
雲堂等。供奉彌勒、二大金剛、四大天王、藥王、娘娘、三大士、十八羅
漢、彌勒、達摩、釋迦佛、關帝、二郎神、毗盧佛、南海大士、大悲佛、
觀音、旃檀佛。民國十八年（1929年）寺廟人口登記時有洪濤等9人。

法華寺山門

法華寺山門　　　　　　　　法華寺鐘樓　　　　　　　　法華寺鼓樓

法華寺天王殿

法華寺大雄殿

法華寺毗盧殿1

法華寺毗盧殿2

法華寺毗盧殿後抱廈

法華寺大悲壇

法華寺藏經閣1

法華寺藏經閣2

法華寺伽藍殿

法華寺祖師殿

法華寺法雲堂

法華寺殿堂

法華寺佛像1　　　　　　　法華寺佛像2　　　　　　　法華寺佛像3

法華寺毗盧佛　　　　　　　法華寺銅鐘　　　　　　　法華寺寶鼎

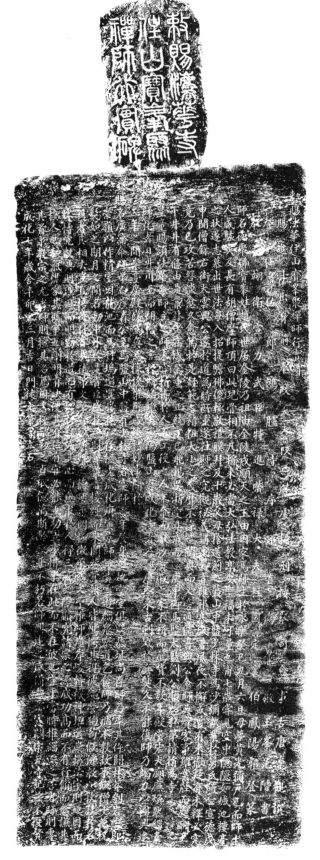

敕賜法華寺住山寶峰聚禪師行實碑
明成化七年（1471年）刻
拓片縱270、橫88厘米

敕賜法華寺住山寶峯聚禪師行實碑額
勑賜法華住山寶峯聚禪師行實碑
賜進士出身前奉政大夫陝西等處提刑按察司命
事古唐李觀撰　登仕佐郎鴻臚寺序班直口董殷
玉峯范階書　奉口翊衛宣力武臣特進榮祿大夫
柱國定襄伯鳳陽郭登篆　師名德聚號寶峯姓趙
氏世居金陵乃祖由金陵戍順天之玉田因家焉師
生於永樂癸巳九月六日母夢黄光彌戶已而師生
人咸駭異及長有胡僧摩師頂曰此兒骨相不凡將
來必當大弘法教享安樂福未可量也甫七歲嘗見
空中隱隱如城池樓臺之狀遂志慕出世法每入招
提瞻佛像輒敬禮膜拜及十歲父母捨送薊之盤山
中盤少林寺爲沙彌執業於舅氏隨公宣德戊申聞
僧錄右街大雲興公遂於道爲時所重遂往師之究
觀祕義講求要旨雖祁寒盛暑夙夜不懈或義有未
徹疑有未釋必究竟乃已攻苦瞀淡愈久愈篤於是
經範之精粗大小之義靡不深造閫奧而又旁通儒
書與公命師典貝客事雖叢脞而應酬上下井井有
條由是叢林老宿成器重之正統丁巳飛錫吳浙受
具戒而還庚午御馬監太監劉公順以私第請捐爲

敕賜法華寺住山寶峰聚禪師行實碑録文1

寺　漢宗皇帝賜額法華命師主之師未嘗折節於
人而工役之人不命而獻力貴戚之家不祈而薦貨
不數年殿堂宏大廊廡煥然緇素歸化者日升川至
而胡僧之言於斯始驗矣漁陽盤山有感化寺者乃
口唐以来古刹毀於兵燹久不能復師乃竭力以圖
興建三年之間崇臺廣殿巋焉奂焉像設莊嚴咸臻
精妙事聞於　上賜名廣濟命師弟白崖森公主焉
盤山中盤有少林寺者寔師蚤年發身之地堂室俱
毀基址尚存師乃率其侶闢林莽剗岩巒即崇嶺以
作精室因龍池而爲竹塢選口口徒以供優老成化
庚寅京師雖貴雲遊緇衆塞道乞食師乃循本教故
事皈僧十萬祝髮如之期月之間名動中外於是貴
臣盛捨施財口粟者接踵而来閭巷囂口人皆驚愕
其視彼蠅營狗苟假佛教以孜孜於名利者其相去
豈直倍蓰什百哉徒弟文口口口口口之德口平闊
木徵予爲文予惟師崖岸峻口機神坦邁崇搆法宇
則地因而勝博口教典則理因而明勤於道而有碑
口口誠其心而無求於人得三口之隱口究諸宗之
源底功高而不有行脩而愈謙其接人也和氣滿容
其臨事也剛明有決使其有位有官必能立功立事

敕賜法華寺住山寶峰聚禪師行實碑録文2

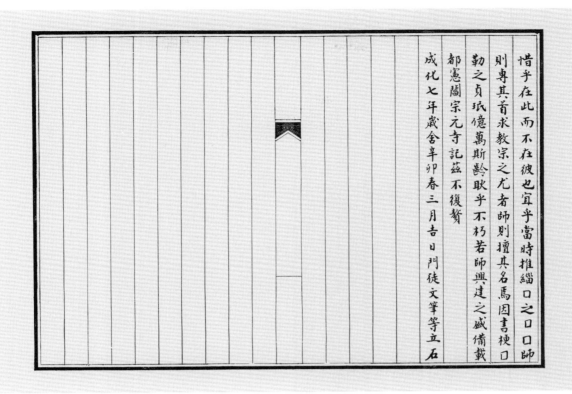

惜乎在此而不在彼也宜乎當時推緇□之□□師
則專其首求教宗之尤者師則擅其名焉因書梗□
勒之貞珉億萬斯齡耿乎不朽若師興建之盛備載
都憲閻宗元寺記茲不復贅
成化七年歲舍辛卯春三月吉日門徒文筆等立石

敕賜法華寺住山寶峰聚禪師行實碑錄文3

敕賜法華禪寺碑記
明成化十年（1474年）刻
拓片縱250、橫85厘米

敕賜法華禪寺碑記

敕賜法華寺記額

賜進士第中憲大夫都察院右僉都御史古祁閭木

撰

賜進士第奉政大夫通政使司右參議廣陽趙

福書

國撫寧侯中州朱永篆

奉天翊衛推誠宣力武臣特進榮祿大夫柱

禁垣東去踰康莊孔道有

豹房巷者世傳為

朝廷畜豹之所因名焉入巷不

二十步有寺曰法華者乃直殿監太監劉公通私第

也先是公與其弟

御馬監太監順俱侍 内廷思

寵隆盛體頒豐偉勇而饒智時儈錄右街太雲興公

道德高厚名振緇流公之兄弟以師禮造公告逝

正統庚申其弟請捐為寺延興公為開山之主始

賜今額以其誠德斐為住持未幾太監順及德斐俱

相繼而殁復命寶□□禪師主之值興公示寂師遂

以興修為己任相之度之經□□又得大檀越太

監盧公永陳□等悉出金帛以襄厥事師□槓梗楠

杞梓之材為梁為楹為棟撽庭館廊室之基□

□□□作門作廊凡百工引仁師指畫授□□法

於是前作山門次作天王殿中作三世佛殿後作□

盧殿殿東度千佛龕又其後作方大殿之東為伽藍

敕賜法華禪寺碑記録文1

殿次為□□之西為祖師殿次為禪堂山門内作

鐘鼓殿兩披作諸僧寮與春遊觀燕息庵福廩廡

不究奧回視舊規何啻霄壤像□莊嚴彩繪□麗□

金碧之□光奏晨又之梵唄上以祝釐 國度下以

陰翊生民嚴若祇園偉哉寶地昔之庭堂□宇之多

閭閻市囂之喧途往來之衆歌舞音樂之聲顧步

之餘□□如失景泰乙亥寺乃落成 朝廷頒賜藏

經及覆書護持龍章煇煥光耀山門僉謂師宣有紀

述用彰歐功師以屬予予惟境因人勝功由事顯非

偶然也當其 太監公拾宅之初不過庭堂數楹而已

數年之間規模開拓殿宇憑虛縉紳士庶咸駿其能

是以人但見師不出房門之道德言行足以感人動物故不

帛日積殊不知師之道言不謁權貴而檀信川歸錢

勞而事集甚速於有鬼神異物陰來相之者為若師

者可謂不□太監公兄弟為善之心而有光於師門

論古令嘗嘗有據非其他說空談女者可□絲此□

□□□□□知師□理道與之歡語竟日談

之成功乃不辭而為之記俾金諸石用詔後世

□□□□□□作□□□既重師之□而又德師

成化□年三月上□日□石

敕賜法華禪寺碑記録文2

二四五

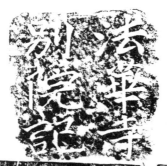

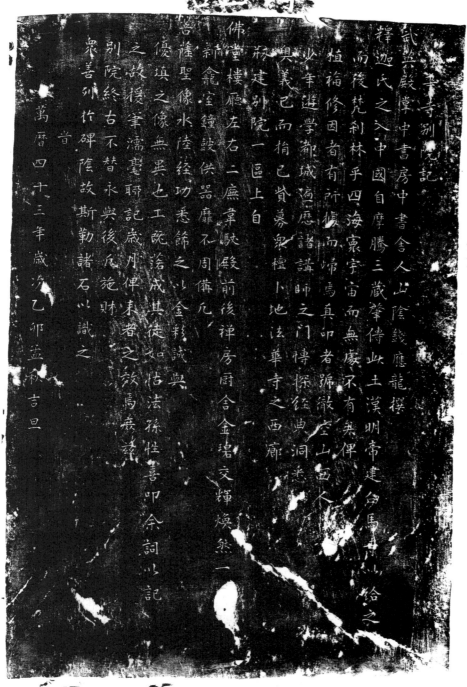

法華寺別院記

武當歲堂中書房中書舍人山陰錢應龍撰

釋迦氏之入中國自摩騰三藏肇傳此土漢明帝建白馬寺以館之

而後梵利林乎四海寰宇宙而無處不有俾

植福修因者有所憑而歸焉真卯者鮮微空山西人

必年遊學都城適二應諸講師之門博探往典洞悉

興義已而捐己貲募衆檀小地法華寺之西廊

蒻建別院一區上自

佛堂樓廊左右二廡韋馱殿前後禪房廚舍金碧文輝煥然一

新龕室鐘鼓供器靡不周備凡

善隆聖像水陸經功悉飾之以金彩誠與

優填之像無異也工既落成其徒如佶法孫性喜卯余詞以記

之故援筆濡毫聊記歲月俾未者之故焉歲茲

別院終古不替永興後凡施財

衆善列於碑陰故斯勒諸石以識之當

萬曆四十三年歲次乙卯孟秋吉旦

法華寺別院記（陽）
萬曆四十三年（1615年）刻
拓片縱103、橫54厘米

法華寺別院記額

武英殿掌中書房中書舍人山陰錢應龍撰　釋迦

氏之入中國自摩騰三藏肇傳此土漢明帝建白馬

寺以給之而後梵剎林予四海寰宇而無處不有

矣儞　植福修因者有所據而峴焉真印者號徹空

山西人少年遊學都城遍歷諸講師之門愽探經典

洞悉奧義已而捐己貲募衆檀卜地法華寺之西廊

爰建別院一區上旬　佛堂樓廳左右二廡亭馱殿

殿前後禪房厨舍金碧交輝煥然一新龕室鐘皷供

　　菩薩聖像水陸經功悉飾之以金彩

巍巍同備儿

誠與　優填之像無異也工既落成其德如怙法孫

性喜卯余詞以記之故援筆濡毫聊記歲月俾來者

之效焉庶兹　別院終古不替永與後九施助衆

善列於碑陰故斯勒諸石以識之肯

萬曆四十三年歲次乙卯孟秋吉旦

法華寺別院記（陽）録文

法華寺別院記（陰）

拓片縱103、橫55厘米

法華寺別院記（陰）録文1

碑陰

萬古流芳 額

内府信官　魏賢　王得口　李升　姚教　楊進
屈國志　戴受
衆姓檀越　王思忠　魏天智　閆希文　楊茂楠
梁元祥　任應時　曹天住　侯嘉徹　孫廣先
郭應奎　李春芳　張九欽　陳景夏　李國清
姜應魁　梁舊志　楊應乾　喬天輔　何公愛
白九章　倪安　韓國珍　趙復智　王同柱　王
冲斗章　馮友　賈大有　董國宰　侯嘉昇　宋朝
紀
王伯倉　韓朝川　張三甲　張爆　張岐
閆明義　冠朝福　趙復慧　趙廷祿　張懋
馬足倉　張一登　史守義　侯振邦　張三省
閆貴全　劉萬良　原福根　撰應登　李崇好
吳守寧　獨金成　姚文選　趙宗達　董伯壽
張根雲　宋國寧　辛進位　武奮威　藉大文
劉近臣　李大然　郝維智　李元柄　郭守奉
任汝秀　祁得雨　李汝金　閆明柱　王新德
李宗代　周舉　侯王輔　侯王佐　馬
朝宗　張守禮　董學仁　邊良臣　李宗正　趙

法華寺別院記（陰）録文2

登　蕭法　張希賢　李宗先　蔡全　郭化龍
范口倫　李峪汝　蕭峪第　閆嗣美　李應海
冠域　冠增　冠明　劉祥　范守印　董聯芳
續臨灣正宗派　智慧清淨道德圓明真如性海寕
照普通　湛然法界方廣嚴宏彌滿本覺了悟心宗
惟靈廓徹體用周隆閫恩修學山觀常融傳持妙
理繼古賢公信解行證月朗天中閫建比丘真印
徒如怙　孫性喜性廉　當孫海淨海洲海清海波
重孫　寕生寕成寕生寕旺寕芳寕常

北平研究院

北平廟宇調查資料匯編【內一區卷】

二五〇

重修法華寺碑記（陽）

明天啓七年（1627年）刻

拓片縱172、橫68厘米

重修法華寺碑記

重修法華寺碑記額

建極殿大學士少傅兼太子太傅吏部尚書黃立極

撰

昔西方有聖人湛智覺心號曰如來我佛作廣大慈悲普濟東土註其經分大小乘而妙法蓮華經固其大乘也良以開方便門示真實相因而喚醒群述且護 國祚於永永也世傳所謂青蓮妙相天人師也自漢明帝時始徧現神州而法無邊矣至我 明更皈依衣鉢而燕臺要津之地營梵宮而崇記者難屈指數蔫 魏闕以東豹房巷内有正統年之太監劉通素心清淨與其弟劉順自奇其夢之靈異也捐所居之宅而改為法華禪林忽盈都東卯靡不奉為無上菩提安亦我佛豪光之圓映歟然閱今百餘年而風雨之摧折霜雪之殘毀以致頹頹污峨甚則青蔓佛頭蛛封方丈舉琉璃之古刹不成一荒京之光景乎雖目擊者闇然神傷而無柰土木之費煩非一手一足之獨力也乃 太監姙姓諱教者雅遵式于空門心無染而體自香特感此福地之淩夷大動焉新之善念並上人宗旺 等各輸金起修仍募化中外遠通

重修法華寺碑記（陽）録文1

善人信士不拘多寡隨緣自盡共成善果凡所以搆之築之斧削之而塗茨之旋復雕飾之而莊嚴之者殆窮其壯麗而極人工之巧不年餘而赫然改觀則繡幢開日紺宇籠雲丈六全身再顯法王之劫象大十世界同宗本性之幽微一以綿 景運于無量口以繼二劉之芳蠋于不朽彼姙公等之善根其栽培者洵厚而今日之盛寧原為公而均獲其願非為私而乞靈于佛也佛外無心心外無佛而雜靡室豈離方寸間我從此而談經說法不知幾十萬年倘各以姙公等之念為念庶香火勿艾而世世遊不夜之天云于是撰其概而勒之石隨摩其意而為之偈曰　鉢内生蓮　如來舍利　奇妙神通　先明滿地　寶刹重新　衆生之義　福國福民　有緣所致　渡世慈航　萬年借庇　勒石貽休　永依弗隆

天啟丁卯夏月既望　都人李登瀛鐫

重修法華寺碑記（陽）録文2

重修法華寺碑記（陰）
拓片縱172、橫83厘米

重修法華寺碑記（陰）錄文1

碑陰　題名碑記類

乾清宮管事牌子各衙門寧印提督太監等官

陳朝　李宗仁　陶文　梁進　黃秀　吳宗仁

謝緝　安進　王虎　王忠　李敬　許臣　趙之

翰　裴衣　張國興　劉恩源　許臣　王朝忠

許棟　王明　王欽　鄧汝敬　王斌　陶宣　王

中　馬登雲

司禮監束筆提督禮儀等慶太監裴昇

大明惠王爺　惠府寧府太監等官　丁永周

選　韓忠　鄭進朝　李文通　丁進信明

重修法華寺天師庵僉押管事御馬監太監並各衙

門太監等官姚教送　趙安　馬王　賈昇　王成

李昇　劉昇　閻朝　郭用　郁維　劉昇　閻朝

錦衣衛提督西司房官旗辦事太子太保左都督楊

宸　孫雲鶴　侯忠　賈朝用　施進　崔忠　曹

宣　李志義　夏鑑　王九忠　蔡萬朝　趙敬教

劉教　胡濱　董實　劉應武　梁植　郭用　王

德祿　諸從善　師明　徐應選　李成　林仕

張忠　溫成　崔進　張守成　王棟　楊圓智

張進　李仲　宗用　王圓順　陳明　鍾其澤

重修法華寺碑記（陰）錄文2

鍾其濴　杜大盈　郭守仁　李珎池　常進喜

宋忠　董用　邵□□　燕邊景　鮑進朝　李天

李添成　王添璽　王□□　陳惠　泰興　鍾其

灝　鍾其昌　隆□□　王明　張進忠　王近禮

李時　李三奇　馮春　丁大慶　張朝用　杜逢

時　李朝忠　魏添祥　李得民　康清　王壽

譚忠　何保　王進表　曹進　屈國志　榮修□

□寵　□永祥　張興貴　孟應元　鈕鐸　閻進

霍進忠　田進　趙鑑　楊暹　潘進　崔準　孫

盈　高寵　索枝　張藤　高進　趙進忠　張臾

用　孫志忠　王得忠　張俊　張槐　羅義明

李登雲　劉進朝　孟忠　單成　車添祥　劉應

坤　王遇成　佐龍　全昇　徐思明　李進忠

榮高　王宗禮　呂成　周明　張朝用　張榮

沈進忠　潘相　陳朝彌　韓萬鵬　張晁　劉繼皐

雲　侯忠　董進忠　齊國用　李恕　馬登

進朝　李熙　張中智　任國用　陶宣　鄭進祿

常口喜　董進忠　單元　呂進朝　陳元霖　盧

劉榮　郭明　吳進財　尹成　吳忠　何仲賢

屈祥　劉志廣　龐松　馬雲　瞿昇　劉玉表

（碑額）永垂不朽

法華寺真存法師銘名剎剏于前明經三百年久而就圮我

朝閱天廓浩海宇丹禀祝

禋禧而慶

資祚者金碧交輝偏諧福地剙法華一剎近依

紫禁豈可任其頹壞主持真存早明淨業廣膺因憫棟宇凋敝深以莊嚴為己任於是撝閱摩竭奮臂經營功寧謝於畏志彌

堅枌復舊寸識冇藏百堵邊興歷觀苦者三十有九年歲壬辰真師圓瘞凡相知者無不聞而歎息蓋恐真師大願力非其人

莫克竟也其後如元餘繼遺志捧荷檀之妙相種因果以嗣承迄于今火宅晨涼慈雲普蔭花宮夜皎慧照晶瑩而且冬粥夏

米以蘇喋暍眾生無相瞻禮益庶予居近淨宇每遇齋期或使旋假沐其屩屢為請予又奚辭因為之銘曰

情不落空門窠臼自寫擬昌黎之得粵僧也如元欲銘其師知于與善屢為請予又奚辭因為之銘曰

法妙蓮華漰闓何因琳宮紺宇俏復維新談經說法虎踞龍蹲暮鼓晨鐘聲徹

住持者誰法師真存如元繼之絡佛法門連心象力溯厥淵源欲識大意證此貞琨

一

賜進士出身

賜授光祿大夫　經筵講官議政大臣禮部尚書魚理樂部太常寺鴻臚寺事務總管內務府大臣鑲黃旗漢軍都統署理吏部尚書翰林院掌院學士教習庶吉士鑲藍旗蒙古都統前巡撫廣東福建署理漕運總督提督山西山東順天學政德保撰

賜進士出身

賜授通奉大夫　日講起居注官翰林院侍讀學士教習庶吉士富炎泰書

法華寺真存法師銘（陽）

清乾隆四十三年（1778年）刻

拓片縱180、橫70厘米

受榮昇　李聯芳　施斌　□仲舉　馮忠　李

進朝　路恩　薛覺通　文忠　董朝用　戴受

趙用　張淮　王良臣　杜永忠　張進朝　陳永

忠　杜永壽　苑進　王恩忠　鄭進賢　鄭進遷

龔昇　楊進　許進忠　楊進喜　劉從善　尹恩

蕭昇　梁棟　杜報捷　趙宣　蘇朝　張邢彥

忠　唐洪獻　宋德民　張進受　張萬寧　阮

文忠　劉清　袁應奉　唐之靖　劉以忠

十方檀信　劉芳　王鳳　陳景夏　何公桂　張

進廉　杜一桂　姜和　焦敬　丘維岱　丁守義

朱仁　郝忠　黨應樑　何守誼　何守誠　閆希

蓋　閆新憲　董聯芳　康應昌　楊崇貴　慮思

謙　奉昇　李朝寶　陳爵

重修募化法華寺住持第一代，宗旺　宗常　本

寺者舊方愛　二代道貴　三代僧錄司□□　慶

有慶松　覺慧　海州　海清　海靜　海鋒

行元　寂春　寂泰

重修法華寺碑記（陰）録文3

永垂不朽額　曹洞宗派碑

法華法□□都城名剎也剏于前明經三百年久而

就圮我　朝聞天廓治海宇昇平祝鴻禧而慶

寶作者金碧交輝徧諸福地翔法華一剎近依紫

禁豈可任其頹壞主持真存早明淨業思廣勝因慨

棟宇凋敝淵深以莊嚴堅復舊寸誠所感百堵遂

營功寧謝於畏難志彌堅於任徙真士真師圓寂凡相知

興應報苦者三十有九年歲丁辰真師大願力非其人莫克竟

者無不聞而歎息蓋思真師崩檀之妙相種因果以嗣

也其徒如元能繼遺志捧

承迄于今火宅景凉慈雲普蔭花宮夜皎慧照晶瑩

而且冬粥夏氷以蘇喋唱眾生無相瞻禮盍虔予居

近淨宇每遇齋期或使旋假沐其寺興真師晤語雅

愛其為人雖遊心方外而通達人情不落空門窠臼

自竊擬昌黎之得專僧也如元欲銘其師知予興善

廬為請予又奚辭因為之銘曰　法妙蓮華湧現何

因琳宮紺宇修復維新談經說法虎踞龍蹯暮鼓晨

鐘聲徹　崇圖主持者誰法師真存如元繼之紹佛

法門潛心象力溯厥淵源欲識大意證此貞珉　賜

進士出身　誥授光祿大夫　經筵講官議政大臣

法華寺真存法師銘（陽）録文1

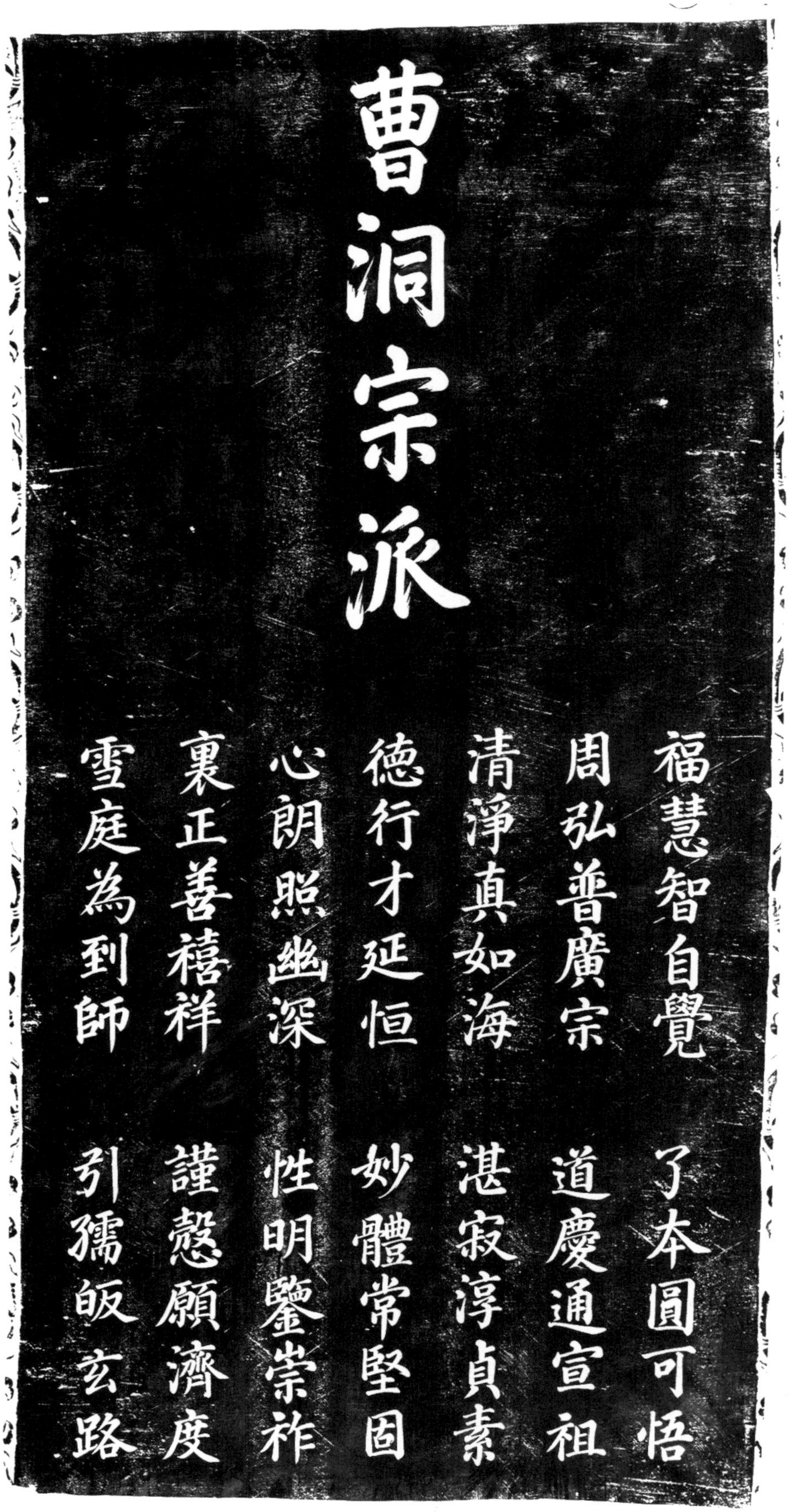

曹洞宗派

福慧智自覺　了本圓可悟

周弘普廣宗　道慶通宣祖

清淨真如海　湛寂淳貞素

德行才延恒　妙體常堅固

心朗照幽深　性明鑒崇祚

裏正善禧祥　謹慤願濟度

雪庭為到師　引孺皈玄路

法華寺真存法師銘（陰）

拓片縱132、橫68厘米

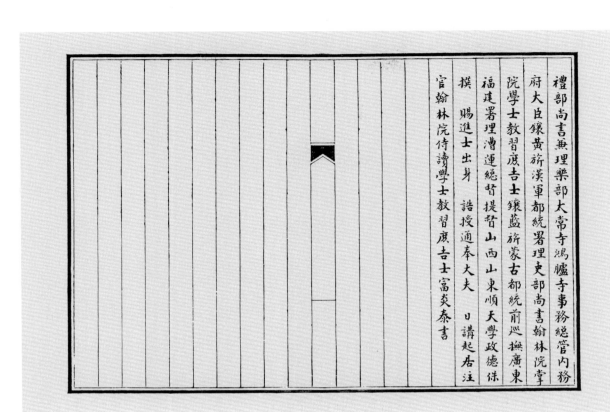

法華寺真存法師銘（陽）録文2

禮部尚書無理樂部太常寺鴻臚寺事務總管內務
府大臣鑲黃旗漢軍都統署理吏部尚書翰林院掌
院學士教習庶吉士鑲藍旗蒙古都統前巡撫廣東
福建署理漕運總督提督山西山東順天學政德珠
撰
　　賜進士出身　誥授通奉大夫　日講起居注
官翰林院侍讀學士教習庶吉士富炎泰書

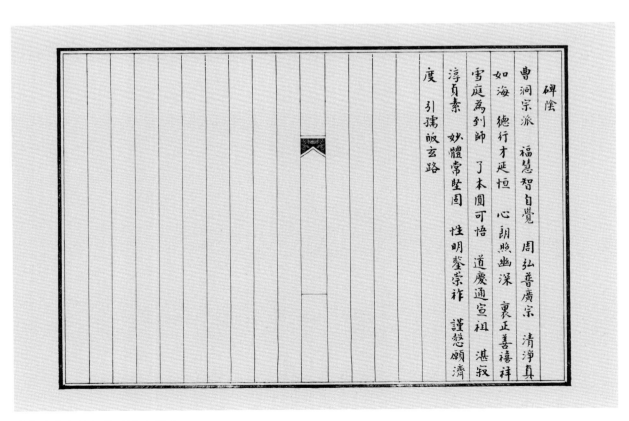

法華寺真存法師銘（陰）録文

碑陰
曹洞宗派　福慧智自覺　周弘普廣宗　清淨真
如海　德行才延恒　心朗照幽深　裏正善禧祥
雪庭為列師　了本圓可悟　道慶通宣祖　湛寂
淳貞素　妙體常堅固　性明鑒崇祚　謹慈願濟
度　引孤皈玄路

萬代流芳

法華寺德悟和尚行實碑記

東安門外二里許豹房巷有古刹法華禪林明正統間內監劉通捨宅叙建天啓時妯監重加修葺規模宏敞紺殿逶迤造

國朝二百餘年中間迭有廢興自德悟大師始更新之山門佛殿廊廡僧寮之屬廡不煥然增麗瞻仰者咸稱善焉師以鵠鳥代心

性無漏即具龍象負荷大力蓋志備嘗不數年而締造營克如其願是時寺分兩廊西為別院僧泉析居各立門戶若越鳥代馬

然師迴惻念曰象教一切平等蒽大眾轉私崖岈其蔭注大千之謂何爰力議合豐俾少長僧徒同親掾作齋飯衣履無歧視者

又嘗於冬月煮粥施捨曰炊百斛米活人以萬計數十年無間于昔榜其門曰化城含備蓋實錄云夫清淨寂滅吾儕議緇流然

流廢室家者往往私其似續祖護其藏獲使令之輩而手足骨肉間轉若秦越而不相顧以祝德悟上人之所為能無愧歟師性恬

師之感人為深切矣其徒如元遵師教維謹先是師於寺中百廢具興惟有後閔數楹未經重葺如元克繼先志次第增修自重建

襄閣外若黔壘丹漆以及鐘扁懸額無不金碧交輝莊嚴寶重而疏瀹溝渠俾合巷居民受其利益大善因果無嚀此者予因湖德

之剞實並及其徒如元之克嗣宗風師若弟開繼之功泊可同垂不朽遂援筆而為之記時

乾隆四十三年仲秋吉日

賜進士出身翰林院編修

授通議大夫督理貴州清軍糧

次吉林德隆撰

國史館纂修官功臣館四庫館教習庶常館提調官加二級紀錄四次合肥蕭際韶書

賜平越石阡等處地方前任戶部江南司員外郎克日下舊聞館纂修官加三級紀錄四

法華寺德悟和尚行實碑記
清乾隆四十三年（1778年）刻
拓片縱169、橫69厘米

萬代流芳額

東安門外二里許豹房巷有古刹法華禪林明正統
間內監劉通捨宅刱建天啟時姚監重加修葺規模
宏敞紺殿遂延迄 國朝二百餘年中間迭有廢興
自德悟大師始更新之山門佛殿廊廡僧寮之屬靡
不煥然即具龍象負荷大力蓄志修舉不數年而締造
經營克如其願是時寺分兩廊西為別院德悟慨居
各立門戶若越鳥代馬然師迴念曰象教一切平
等慈蜀大眾轉私崖岊其蔭注大千之謂阿爰力議
合懋俾少長僧徒同親操作齋飯衣履無歧視者又
書於冬月煮粥施捨日炊百斛米活人以萬計數十
年無間予首榜其門曰化城含舖蓋實錄云天清靜
寂滅吾儒訾議緇流然觀處室家者往往私其似續
祖護其臧獲使令之輩而手足骨肉間轉若秦越而
不相顧以視德悟上人之所為能無愧歟師性恬雅
敦交誼重然諾諸長安貴介多與之遊无精鑒賞金石
古物不釋手加以淪茗焚香澆花種竹有處士風無
蔬筍氣余每過禪房與之劇談竟日娓娓不倦非軏

法華寺德悟和尚行實碑記錄文1

近宗門謹為法王香火者比也圓寂時端坐而逝哭
臨祭奠者擠細商賈牽車向馬填寒衢巷更以知師
之感人為深切矣其徒如元連師教維謹先是師於
寺中百廢具興惟有後閣數檻未經重葺如元克繼
先志次第增修自重建樓閣外若黝堊丹漆以及鑲
扁懸額無不金碧交輝莊嚴寶重而疏濬溝渠俾合
巷居民受其利益大善因果無踰此者予因德悟
師之行實並及其徒如元之克嗣宗風開繼
之功洵可同垂不朽遂援筆而為之記時 大清乾
隆四十三年仲秋吉日 誥授通議大夫督理貴州
清軍糧驛二曲巡撫陽平越石阡等處地方前住戶
部江南司員外郎克日下舊開館纂修官加三級紀
錄四次吉林德隆撰 賜進士出身翰林院編修
文淵閣校理 國史館纂修官功臣館四庫館教習
庶常館提調官加二級紀錄四次合肥蕭際韶書

法華寺德悟和尚行實碑記錄文2

師祖西歸 公傳其衣拂代為寺主寺中故多腴產祖以昔年廣行善舉坐是匱乏 公受事之始竭力撐持蕭之殿宇僧房漸歸零落會麒玉符都護慶英西林制軍翰均發願解囊不果啟之家大人與二公交久誼深恒思贊襄盛舉亦有志未逮 公乃不憚艱苦赴承德府之圍場墾荒播種歲有贏餘畫建普應寺於其地既者新之使法華藜林頓昭輪奐既工庀材及時修葺傾圮者復之滂湊念節儉持躬積銖累寸越數年始得鳩捨飯寺為先代貽留不敢膜視遂就原址經之營之俾復舊觀更於東直門外瞭馬橋聯置莊田並附近之新塔院瞭馬廠六里屯七老墳院西方庵皆次第營建廉功顧不偉哉啟等飯依寂久相知寂深爱不辭讓陋謹述其梗概如左

飯依弟子崇啟等和南謹述
內閣中書南豐趙世駿書
光緒廿八年歲次壬寅正月穀旦建

重修法華寺古刹德澐行實碑記
公名真寶德澐其字也一驤靜瀾籍隸順天府之東安縣父韓姓諱得成母氏闞 公幼嬰疾垂危賴具媼禳救方獲更生並曰此子非常當為法器椿萱許為僧乃攘尋依法華寺明遠禪師得度遁萬善誠老人見 公天資純慧悟詳明攜歸課以竺典嗣稔其能畀以監院之任授曰師祖 大圓老人年登八秩今 公固辭乃乙未幾師祖 公堪膺繼述有傳付之心 公歸辭乃 公堪膺繼述其衣拂代為寺主寺中故多腴產祖以昔年廣行善舉坐是匱乏 公受事之始竭力撐持蕭之殿宇僧房漸歸零落會麒玉符都護慶英西林制軍翰鈞顧解囊亦不果啟之家大人與二公交久誼深恒思贊襄盛舉亦有志未逮 公乃不憚艱苦赴承德府之圍場墾荒播種歲有贏餘畫建普應寺於其地既傾圮者復之滂湊念新之使法華藜林頓昭輪奐既俾持躬積銖累寸越數年始得鳩工庀材及時修葺念捨飯寺為先代貽留不敢膜視遂就原址經之營之俾復舊觀更於東直門外瞭馬橋聯置莊田並附近之新塔院瞭馬廠六里屯七老墳院西方庵皆次第

重修法華寺古刹德澐行實碑記錄文1

重修法華寺古刹德澐行實碑記
清光緒二十八年（1902年）刻。
拓片縱64、橫156厘米

重修法華古刹德澐行實碑記
公名真寶德澐其字也一彌靜瀾籍
隸順天府之東安縣父韓姓諱得成
母氏關公幼嬰疾垂危賴其媪襄
救方獲更生並曰此子非常當為法
器椿萱許為僧乃尋依法華寺明
遠禪師得度適萬善殿誠老人
見公天資純慧悟解詳明攜歸課
以竺典嗣稱其能畀以監院之任㐲
曰師祖大圓老人年登八失令

營建厥功碩不偉武啟等皈依寂久相知最深炭不
碑誦酒謹述其梗概如左 皈依弟子崇啟等和南
謹述 內閣中書南豐趙世駿書
光緒廿八年歲次壬寅正月穀旦建

重修法華寺古刹德澐行實碑記録文2

碑陰

花翎雲騎尉前邢部郎中崇故謹撰　花翎二品銜
內務府郎中文紳敬書　京師豹房胡同法華寺者
本明恒寺劉志通私寓也維時有僧緇深右街大雲興公
者操履堅潔端方負一世緇深之望通偕弟順
俱以師禮事之旋捐宅為寺開山之主並
以其徒德斐為住持未幾順及德斐先後即世尋以
寶峰聚師主之寶峰公爰以興愴為己任辛勤早夜
碑畫精詳鴆工定材百端其舉時太監盧永陳祿等
樂善不倦見義勇為皆傾囊以為之助於是上自播
紳下逮氓庶莫不各效棉薄共襄其事以底于成不
數年庭垣瑰麗殿宇莊嚴一時退通之人間風景慕
咸嘖嘖為稱之曰能語有之云莫之前雖美弗彰
莫為之後雖盛不傳其此之謂也予自時厥後淵源
遞行代有傳人越數百年至我　朝咸同間吾師
靜瀾法師衣拂親承實篤寺事其為人也風宇戒持
尤嫻內典特以時造沉運力住鉅歉念先業之所棄
懼成規之就圮乃宏愿力慎始圖終碣半生之辛勞
俾鴻規而大起使功成不曰遺蹟常新是其功業
所就不誠媲美前人哉寺故有碣弟以年湮代遠字

法華寺修建紀略錄文1

法華寺修建紀略
清光緒二十八年（1902年刻）
拓片縱62、橫155厘米

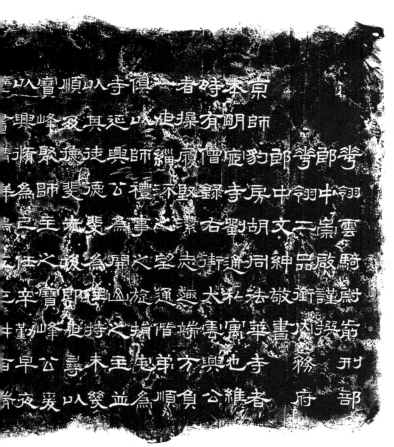

跡迷離　師恐流傳阮久更失其真爰命撮其崖曑勒之貞珉庶幾前型永著奕禩猶新且使後之人緟厥風徽自有曠百世而相感者則此記謂為雪泥之鴻爪也不亦宜歟

大清光緒廿八年　月立

法華寺修建紀略錄文2

關帝廟

【調查記録】

關帝廟，花園三號。

山門西向，木額"浩然正氣。光緒十年八月吉日重修。信士弟子楊茂森敬立"。

前殿一間，龕內正供關帝像一尊，周、關等四像南

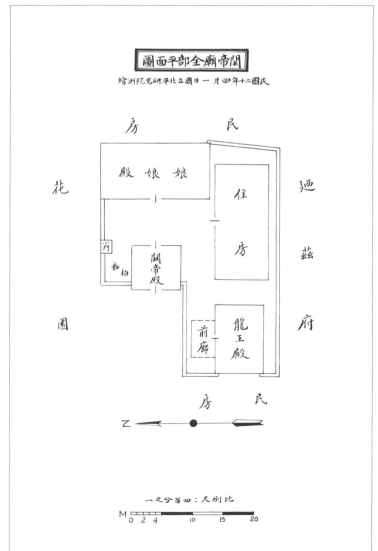

關帝廟全部平面圖

原圖比例尺：1：400

原圖單位：米

原圖尺寸：縱22.5、橫13.5厘米

北立，均泥塑。有木五供一分。大刀一。鐵磬一，"道光二十二年吉月吉日敬獻關帝廟花園"。又額"聖德無疆。咸豐八年十月吉日立。景惠敬叩"。

東殿三間，木額"霞光垂照。光緒十年九月十七日弟子楊茂森重修"。內供娘娘九尊，童二，均泥像。又王奶奶及觀音像各一，均小。有木五供五分。鐵磬一，"同治十一年七月吉日立奶子府後身花園關帝廟"。南房三間，現為住宅。

西為龍王殿。門外井一。內南殿一間，木額"澤被羣黎。光緒十年九月十七日楊茂森重修"。殿內供龍王、財神、土地各一尊，童二。左供藥王一尊，童三。右供呂祖一尊，童二。均泥塑。木五供三分。懸小鐵鐘一，"乾隆四十二年六月吉日建造"。院內古柏一株。此為楊茂森家廟。

注 關帝廟位于內一區花園3號。始建年代不詳，于清光緒十年（1884年）重修。坐東朝西，廟內建築有龍王殿、關帝殿、娘娘殿，為楊姓家廟。供奉關帝及周倉、關平、娘娘、王奶奶、觀音、龍王、財神、土地、藥王、呂祖。民國十八年（1929年）寺廟人口登記時有楊書堂1人。

關帝廟山門

地藏庵

【調查記録】

地藏庵，猪市大街七十九號。

山門北向，石額"地藏庵。同治十年歲次辛未四月中澣穀旦立"。內設北平猪行同業公會、宋少亭醫院。門內過道西房一間，為北聚興成衣局。前院有光緒年間碑一，

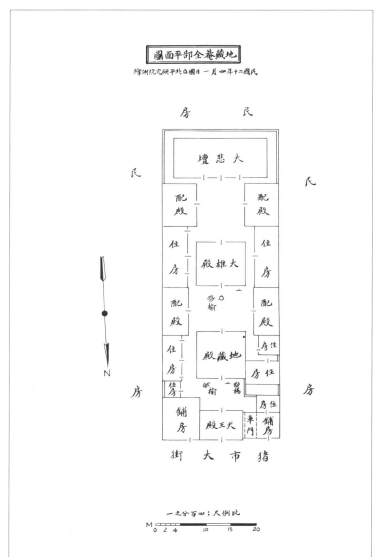

地藏庵全部平面圖

原圖比例尺：1：400

原圖單位：米

原圖尺寸：縱28、橫17.5厘米

倒臥地上，上面係碑陰，額書"衆善同歸"，人名。前殿三間為天王殿，正供彌勒佛木像一尊，甚大。旁列四大天王，泥塑。有鐵磬一，鐵爐一。

第二殿前三間為禪房，後有木額曰"地藏寶殿。光緒癸卯年端陽吉日穀旦住持祥光重修"。內供地藏王一尊，木像金身。十殿閻君小立像十尊，木質。泥童立像四。有鐵三供一分。左供娘娘像三尊，土地、馬王、財神各一，童二，均泥塑。有鐵三供一分。右供關帝像一尊，周、關侍立。院內楊、槐各一。東夾道內東房四間。

第三殿為三大士殿，木額"大雄寶殿"。內供三大士，木像金身。泥童二。磁五供一分。觀音三尊，木質金身。鐵磬一，"光緒九年四月吉日"。馬王、土地、財神各一尊，木像金身。鼓二。木魚一。小泥關帝像一，童二，馬童各一，亦泥塑。小銅鐘一。殿前有碑一，"重修地藏庵碑記"，額書"萬古流芳"，"康熙十一年歲次壬子十月穀旦"。碑陰人名。鐵爐一，"光緒十四年六月十九日置"。槐一。東西配房各三間。東夾道東房三間，西夾道西房三間。

第四殿五間，木額"大悲壇"。內供大悲一尊，童二，木像金身。韋馱立像一，木質。小千手佛一。又小木佛一。鐵磬一，東西配房各三間。

住持壽山，傳臨濟正宗。

注 地藏庵位于內一區豬市大街79號。始建年代不詳，清康熙十一年（1672年）、同治十年（1871年）兩次重修。坐北朝南，庵內建築有地藏殿、大雄殿、大悲壇及配殿。供奉彌勒、四大天王、地藏、十殿閻君及娘娘、土地、馬王、財神、關帝、三大士、觀音等。民國十八年（1929年）寺廟人口登記時有壽山等8人。

地藏庵山門

地藏庵大雄殿

地藏庵地藏殿

地藏庵大悲壇

地藏庵銅鐘

重修地藏庵碑記（陽）
清康熙十一年（1672年）刻
拓片縱135、横68厘米

重修地藏庵碑記

佛聖不落色相亦無□宅形於世也世人樂徙西奉
之即所謂人人皆具佛性其道不遠反而求之正恐
流此性於不淑斯琳宮之建神道設教之理也順天
廣仁西街舊有地藏庵數椽考神前供壇則知刱於
明代我　清順治己亥始有蓮華大師托緣於此師
受菩薩戒比丘尼也覺宇圓琳姓張氏籍出太原臨
縣祖父積德闒門茹素師生而不哺肉食者乳甫長
而志絕俗緣心思靜主因病危乃發願脫俗祈延
父後未幾而弟病果解是己具有菩薩根氣由是出

塵偷歷苦行遊五臺峨眉問道叅禪方北入京師禮
天寧寺塔想曰衣禪林而庵尼局戶他出驟雨連朝
惟入定庵堂以待開霽雨歇尼回一人扣戶而入口
內有善人絕粒三日矣吾齋之予餅數枚視其人耳
掛口環手揮粽塵告以意曰己知之言訖寂然時
巨宦李公夫人佟氏陳公夫人董氏俱夢師體貌示
以蓮華及曉訪主禪林尼告以口口力訪見之其氣
度衣裝依稀素覩邊以夢北稱為蓮華大師而董氏
夫人重其沉靜湊言且宗風禪秘問發驚人因師事
之小地以居使者報此庵程色並庵後餘房四十三

重修地藏庵碑記（陽）録文1

間實原庵地主袁姓君子居也師問有棗樹五株使
者詫以為奇夫人異而問之始言吾夢此庵景色
如是有婆□予□地當女興吾守之久矣覺後未口
奇也嗣遊五臺八荒山僻徑一老嫗蒼顏古貌鶴髮
口肩示曰此地多虎汝前吾憶前夢所見
驚奇問迅雷偶發回視老嫗已不知所在惟陰雨濛
濛故益信此庵之非幻也相與驗視以為性天漁父
遂卓口馬復興謀口祇園以為機緣有在
給孤長者之行原庵地主即有祇陀之施再而貴宦
夫人善信等眾咸□師蕘重樂助其功均期上祝

皇圖下福生民修葺殿宇迴廊鐘樓禪室數年之間
煥然一新而蓮師住持其中如以夢覺□以夢合將
見口故口鐘開夢中之棒喝經聲法語觸心上之菩
提人各返照生平即見之寶蓮臺放大光
明史以見廟貌神形啟人性善而於　聖主治道未
嘗無補蓋亦世道人心之一津筏也茲復立石勒名
庶不口眾姓善緣而蓮師哥異之蹟與偕葺之因於
斯並記不朽　欽天監博士三韓史國珍撰記
女夫人董氏口修　信士袁進口施建
康熙十一年歲次壬子十月穀旦

重修地藏庵碑記（陽）録文2

重修地藏庵碑記（陰）
拓片縱174、橫69厘米

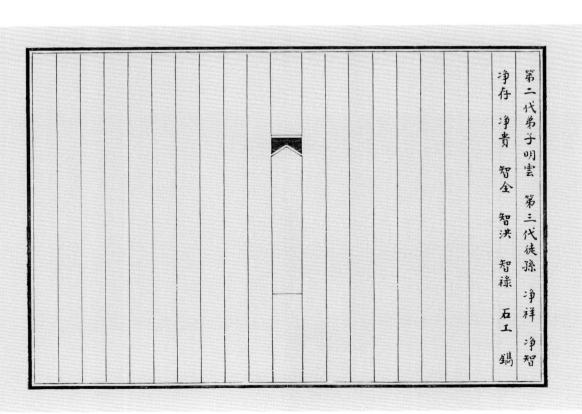

信官　趙測輅　陳連泰　窎古裡　趙塔達　陳
應泰　陳啟泰　韓渭　鄭之連　李如悟　葉龍
李國禎　申立住　趙爾得　王守印
宦室信女　陳門劉氏　陳門趙氏　王氏
陳門石氏　史門王氏　胡門閻氏　何門楊氏
白門張氏　佟門楊氏　陳門尤氏　高門李氏
陳門焦氏　趙門葉氏　俞門方氏　黑門营氏
焦門焦氏　張門崔氏　史門沈氏
信士　江世用　閻三重　陳邦器　李如貴　施

九　劉應時　胡斌　張雲龍　吕俊　盛世臣
萬年春　楊八　安成會　史鳳雲　王崇智
黃有功　高攀桂　劉六十　觧祁泰
信女　閻門李氏　卞門佟氏　郭門陳氏
卞門陳氏　張門傅氏　劉門黃氏　李門劉氏
李門朝氏　李門宦氏　李門廉氏　賈門王氏
王門佟氏　高門謀氏　高門楊氏　高門劉氏
高門胡氏　鄭門戚氏　王門王氏　萬門丁氏
閻門李氏　白門關氏　同助修
募脩沙門第一代住持圓琳立石

重修地藏庵碑記（陰）録文1

第二代弟子明雲　第三代徒孫　淨祥　淨智
淨存　淨貴　智全　智洪　智祿
石工　鍇

重修地藏庵碑記（陰）録文2

萬古流芳

（碑陽）

蓋聞神功顯著，慈航普渡之緣，而廟貌重新，勝地種菩提之果。
誠盛事也。茲因本庵自
國初復修，歷年久遠，摧殘傾圮，頹廢堪
慮，而前殿為甚。時僧住持斯廟，目覩心傷，思欲募化修整，奈兵燹
之後，捐資不易，日夜隱憂，迺銳意坐關，克承厥志，幸蒙樂善諸
君子鑒此微誠，或分投勤募，或慨助鉅資，遂將
地藏庵正殿山門耳房落地重修，餘力不足，聊為補葺，此皆賴四方紳
商貴公樂善好施，共成盛舉，特勒碑銘以誌功德，庶幾永垂不朽
云

光緒二十九年七月穀旦

（碑陰）

信士

弟子
王鋙　張文祿　同義和　天慶　蔣寬
王鍾　孟繼斌　天寶軒　廣豫公　賈增欣
韓宅　蘇林保　懌藏公　玉靈堂
傅萬通　張繼昌　永利廠　大古局　馬市大街
張文元　門　　　天興廠　緒市大街眾舖戶同助修
祝明　耿慶雲　德和　　隆福寺街
王德恆　馬拴福　祥元號　于靜芝
王海全成　瑞祥元森　瑞隆　燕　王好盛　瀛

募化住持僧祥光率徒長海徒孫滙山敬立

光緒年碑（陽）

清光緒二十九年（1903年）刻

拓片縱151、橫48厘米

注：《北平廟宇碑刻目錄》將此碑歸入內一
　　區60號地藏庵。

光緒年碑（陰）

拓片縱138、橫50厘米

北平研究院
北平廟宇調查資料匯編【內一區卷】

光緒年碑

萬古流芳嶺

蓋聞神功顯著慈航普渡之緣而廟貌重新勝地
種菩提之果誠盛事也茲固本庵自 國初復修應
年久遠摧殘傾圮頹廢堪而前殿為甚時僧住持
斯廟目覩心傷思欲募化修整奈兵燹之後捐資不
易日夜隱憂迴四徒鏡意坐閣克承厥志幸蒙樂善
諸君子鑒此微誠或分投勸募或慨助鉅資遂將
地藏庵正殿山門耳房落地重修餘力不足聊為補
葺此皆賴四方紳商貴公樂善好施共成盛舉特勒

碑銘以誌功德庶幾永垂不朽云

光緒二十九年七月穀旦

光緒年碑（陽）錄文

光緒年碑之陰

眾善同歸嶺

信士弟子 王鍠 王鍾 韓宅 傳萬通 張文
元祝明 德恒 王海 張文祿 盂繼斌 蘇
林保 張永亨 門繼昌 耿慶雲 馬拴福 全
成 同義和 天宝軒 恒盛公 永利徹 元昌
店 德和 祥元號 瑞森 天慶 廣豫公 玉
靈堂 大古局 天興厰 于靜芝 燕愷 瑞隆
蔣寬 賈增啟 馬市大街 猪市大街 隆福寺
街 王好盛 泉舖戶同助修 募化住持僧祥光
率徒長海 盛海 瀛海 裕海 徒孫滙山敬立

光緒年碑（陰）錄文

土地廟

【調查記録】

　　土地廟，豬市大街四十四號。

　　小廟一間，南向，内供小土地夫婦二尊，童四，均泥塑。歸同益生刀剪鋪管。

注　土地廟位于内一區豬市大街44號。始建年代不詳。坐北朝南，當街廟，一間殿。供奉土地夫婦。

土地廟

地藏庵

（内一區60號，總編號563）

【調查記録】

地藏庵，朝陽門大街三四五號。

山門北向，石額"重修地藏禪林。大清光緒壬午年住持衲恒印、德印募化"。内設守善堂戒煙公所。利源長修理鐘錶寓此廟内。兩木牌。山門内前殿三間，木額"布昭聖武"。殿内右供關

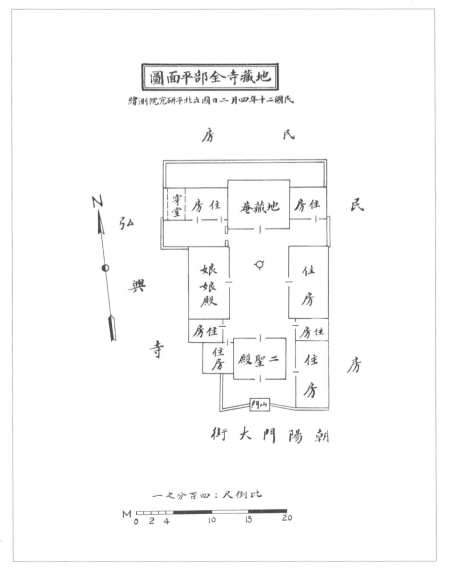

地藏庵全部平面圖

原圖比例尺：1：400

原圖單位：米

原圖尺寸：縱18.5、橫12.5厘米

注：圖中地藏寺即地藏庵

帝，左供二郎，均泥像金身，周、關右立，童二左立，一執弓，一執三尖刀，小狗一。木五供一分，"光緒三十年七月二十九日"。山門內有西房四間，殿後木額曰"護法玄門"，聯曰"金粟影中參佛果；木樨香處悟禪機"。內供泥塑韋馱立像。南殿三楹，木額"赫聲濯靈"，聯曰"變幻總有萬端終歸洞鑒；報應惟憑一理悉本自求"。殿內正供地藏王一尊，童四，左右十殿閻君立像，均泥塑。有鐵磬，破磁爐一。東配殿三間，木額"明鏡臺高"，內供娘娘三尊，童二，均泥像。龕上有小木額曰"碧霞聖境。道光年建"。西配殿三間，為守善堂公所室，有觀音紙像一尊。東南、西南兩隅各有南小房二間。東北隅小房二間，殿前大寶鼎一，"光緒壬午六月吉日置"。

　　住持僧長然，傳臨濟支派。

注　地藏庵位於內一區朝陽門大街345號。始建年代不詳，清光緒二十九年（1903年）重修。調查記錄記載"山門北向"，"南殿三楹……殿內正供地藏王"，而平面圖上卻為山門南向，地藏殿坐北朝南，疑似調查記錄或平面圖有誤。庵內建築有二聖殿、地藏殿、娘娘殿。供奉關帝、二郎神、韋馱、地藏、十殿閻君、娘娘、觀音。民國十八年（1929年）寺廟人口登記時有長然1人。

地藏庵山門

地藏庵二聖殿　　地藏庵地藏殿

地藏庵寶鼎

弘興寺

（内一區 61 號，總編號 564）

【調查記録】

　　弘興寺，朝陽門大街三四六號。

　　山門北向，木額"弘興寺"，又刻四字分列"萬壽無疆"。西大門為祥順石廠，再西大門内有高記油漆作，内有西房四間為張記茶館，井一，上書"弘興井泉"。

　　前殿三間，内供關帝一尊，童二，馬童各一，均泥塑。又財神、土地泥像各一。有鐵磬一，破瓦爐一，木籤二。後供泥韋馱立像一。東有耳房一間，為齊内廣源號賃貨鋪。

　　後院南殿三間，東西耳房各一間。殿内正供釋迦佛一尊，泥塑金身，坐像，高約六尺。左為太上老君像，執如意。右為北斗星君像，執布。又似儒釋道三佛。有木籤瓶，破磁爐一，鐵磬一。左供南海一尊，童二。右供地藏王一尊，童二。均泥像，又白地藍花磁爐二。東配房三間，西配房三間，存執事。院内古槐一。大鐵寶鼎一，"大清康熙歲在丙寅十一月造"。後院甚大，西小房七間，為住宅，破。又西小房一間。北小房三間。又東小房十間，其五間已無門窗。南小房五間。又北小房三間，後有古槐一株。

　　住持僧奪月。

注　弘興寺位于内一區朝陽門大街346號。建于明成化年間（1465～1487年）[1]。坐南朝北，寺内建築有關帝殿、大雄殿。供奉關帝、財神、土地、釋迦佛、太上老君、北斗星君、地藏等。民國十八年（1929年）寺廟人口登記時有奪月1人。

[1]　北京市檔案館：《北京寺廟歷史資料》，北京：中國檔案出版社，1997年。

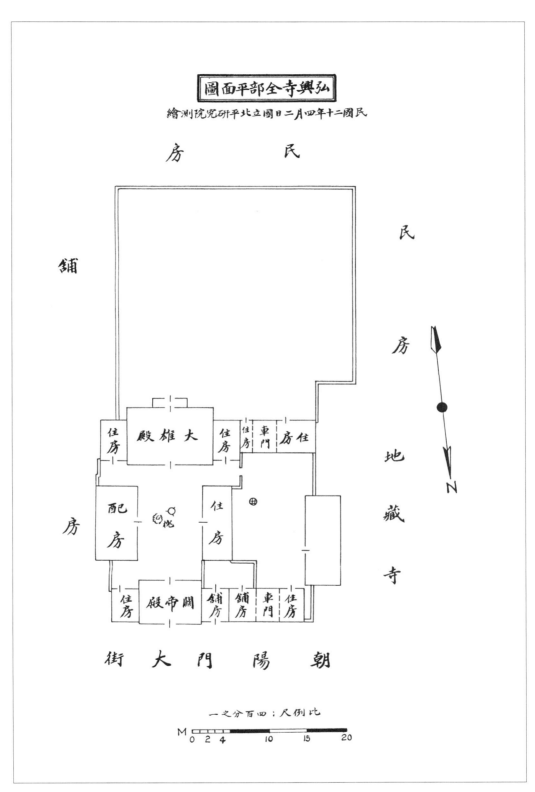

弘興寺全部平面圖

原圖比例尺：1：400

原圖單位：米

原圖尺寸：縱25、橫16.3厘米

弘興寺山門

弘興寺大雄殿1

弘興寺大雄殿2

都土地廟

【調查記録】

都土地廟，朝陽門大街二九四號。

山門北向，木額"都土地廟"。有源興局油漆作及義和興局木器作。院内有小槐樹一。南殿三間，木額"福德正神。道光二年歲在壬午夏月穀旦弟子陳興泰敬立"。内供都土地一尊，童一，判官等二，左右土地十六尊，又小鬼二。大鐵磬一，無款識。木爐一。房塌，佛像亦殘。又小泥佛多尊，均殘。山門東西各有房一間。院内小槐一。東院為源興局，南房三間，北房三間，西房一間。

住持僧名立存。歸鄭金海管。

注 都土地廟位于内一區朝陽門大街294號。始建年代不詳。坐南朝北，廟内建築有土地殿。供奉都土地、土地、判官、小鬼。民國十八年（1929年）寺廟人口登記時有立存1人。

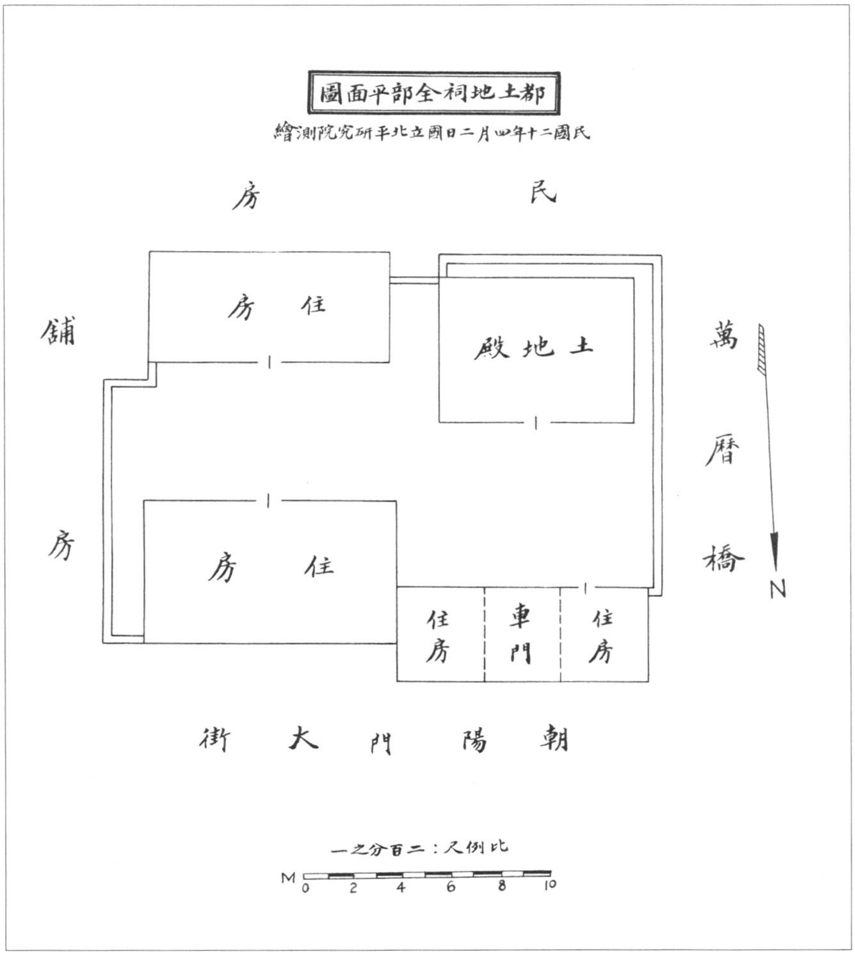

都土地廟全部平面圖

原圖比例尺：1：400

原圖單位：米

原圖尺寸：縱20、橫17厘米

注：圖中都土地祠應為都土地廟

都土地祠全部平面圖

民國二十四年二月日立北平研究院測繪

房　　　民

房　住

鋪

舖地土殿

房

房　住

住房　車門　住房

街　大　門　陽　朝

比例尺：二百分之一

M 0 2 4 6 8 10

都土地廟山門

源興局油漆作坊

都土地廟土地殿

關帝廟

【調查記錄】

　　關帝廟，石碑胡同一號。

　　山門東向，木額"威震華夏。癸卯七月吉旦弟子宗室王麟"。又木額曰"賞善罰惡。咸豐二年二月穀旦馬緒翰敬獻"。內有木額曰"靈威顯聖。道光丁酉六月弟子宗室輔國將軍銳莊敬書"。正供關帝一尊，童二，泥塑。又馬童各二，亦為泥塑。鐵五供一分，"光緒八年六月"。鐵磬一，"咸豐十年六月廿四日"。圓鐵爐一，"光緒壬午七月"。此為金宅家廟。看廟人奎耀。

注　關帝廟位于內一區石碑胡同1號。建于清順治年間（1644～1661年）[1]。坐西朝東，一間殿，當街廟，為金姓家廟。供奉關帝。民國十八年（1929年）寺廟人口登記時有墨麒1人。

關帝廟

[1]　許道齡：《北平廟宇通檢》，北平：國立北平研究院，1936年。

吉慶寺

【調查記録】

　　吉慶寺，又名老君堂，老君堂廿一號。

　　山門南向，木額"老君堂"，係新易者，原為吉慶寺。其西廿二號大門有木額曰"五臺山普濟佛教總會"。

　　前院南房三間，為接待室，正供韋馱一尊，銅像金身。又玉觀

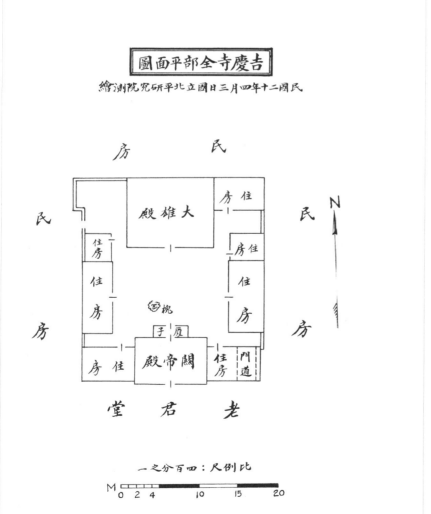

吉慶寺全部平面圖

原圖比例尺：1：400

原圖單位：米

原圖尺寸：縱11.7、橫17.5厘米

音一尊，玉童二。

東院北殿三間，內供金身木佛一尊，左銅佛一尊，右銅太上老君一尊，係新購者。鐵磬一。東西配房各三間，又東房各一間。東北隅有北房二間，古槐及桃各一株。前殿三間，正龕內供關帝一尊，金面泥胎。泥童四，周、關侍立。又左右立童四，馬童各一。前面小孩二，手執簸籮，備人擲錢其中。以上各像均泥塑。有木五供一分。鐵磬一，"康熙二十一年孟春吉日造。伏魔大帝前誠造供器一堂"。後龕內小泥娘娘九尊，即天仙、眼光、子孫、乳母、痘疹、痘疹、催生、送生、引蒙是也。外有小泥佛數尊，其前泥孩二，狀與上述相同。有破磁爐一。東南隅大門一間，南房一間。西南隅南房二間。

西院東房三間，為總務慈善二股。西房三間，為文牘交際二股。北房三間，為客廳，又後面北房三間，是為佛教總會院，其前南房三間即接待室也。

注 吉慶寺位于內一區老君堂21號，又名老君堂。坐北朝南，廟內建築有土地殿、關帝殿、大雄殿。供奉韋馱、觀音、太上老君、關帝、娘娘。

吉慶寺山門

吉慶寺大雄殿

吉慶寺金身木佛

吉慶寺太上老君像

吉慶寺觀音像

吉慶寺配房1

吉慶寺配房2

三教庵

【調查記錄】

三教庵，金魚胡同七號（金魚胡同原名金玉胡同）。

山門南向，現為內一區第一分駐所。門內北房三間，為巡官室及辦公室。東西配房各三間，為第一、第二休息室。巡官室前有古槐二。碑一，額題"萬古流芳"，"大清□□□□□□□□□□建"。陰額題曰"古廟無燈憑月照，山門不鎖待雲封"，草書。巡官室東過道東，有房一間，為裝械庫。巡官室後，為厨房。又北為北殿五間，為第四休息室。東配房三間，為第三休息室。西配房三間，為飯廳。巡官室西耳房北房一間。

注　三教庵位于內一區金魚胡同7號。始建于清，清康熙年間（1662～1722年）修繕。坐北朝南，庵內建築有前殿、後殿及配殿。時為北平市公安局內一區第一分駐所。

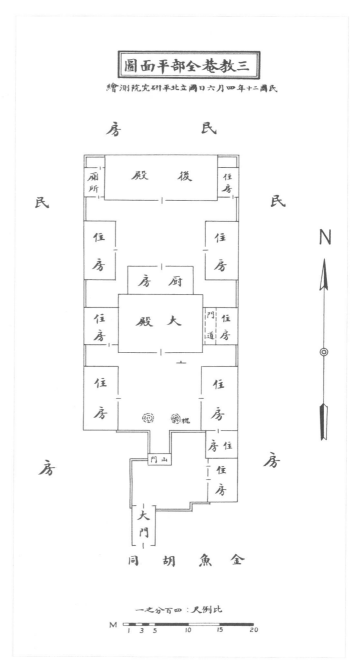

三教庵全部平面圖

原圖比例尺：1：400

原圖單位：米

原圖尺寸：縱27、橫16.2厘米

三教庵山門

三教庵前殿

三教庵後殿

北平廟宇調查資料匯編【內一區卷】

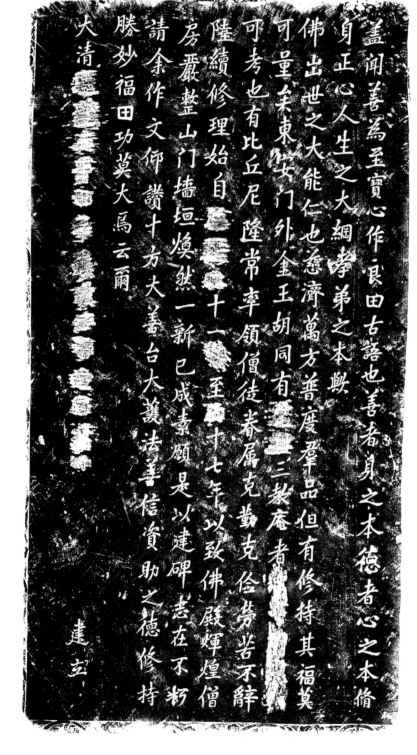

蓋聞善爲至寶心作良田古語也善者身之本德者心之本脩

身正心人生之大綱孝弟之本歟

佛出世之大能仁也慈濟萬方普度羣品但有修持其福莫

可量矣東安門外金玉胡同有□□□三教庵者

可考也有比丘尼隆常率領僧徒眷屬克勤克儉勞苦不辭

陸續修理始自□□□□十一□至□□十七年以致佛殿輝煌僧

房嚴整山門墻垣煥然一新已成素願是以建碑志在不朽

請余作文卿讚十方大善台大護法善信資助之德修持

勝妙福田功莫大爲云爾

大清□□□□□□□□□□□□□□□□建立

重修三教庵碑

清康熙年間（1662～1722年）刻

拓片縱180、橫77厘米

重修三教庵碑　　　　　　　　　　　　　　三教庵大門

三教巷萬古流芳碑

萬古流芳額

蓋聞善為至實心作良田古語也善者身之本德者

心之本脩身正心人生之大綱孝弟之本歟　佛出

世之大能仁也慈濟萬方普度羣品但有修持其福

莫可量矣東安門外金玉胡同有口口三教庵者口

口口口口可考也有比立尼隆帝率領僧徒眷屬克

勤克儉勞苦不辭陸續修理始自口口口口十一口至

口十七年以致佛殿輝煌僧房嚴整山門墻垣煥然

一新己成素願是以建碑志在不朽請今作文仰讚

十方大善台大護法善信資助之德修持勝妙福田

功莫大焉云爾

大清康熙口口口　年歲次口口　口　建立

重修三教庵碑録文

延福宮

【調查記錄】

延福宮，朝陽門大街一六六號。

山門南向，作三洞形，木額"大慈延福宮"，實為元太廟故址。山門內有守衛室。東鼓樓一，西鐘樓塌。琉璃瓦化字爐一。

第一殿三間，為天王殿，有四大天王泥像，現為工丁住室。

第二殿為三官廟，周圍有漢白玉石欄，木額"大慈延福之殿"。內供天、地、人三官坐像，有木座，約高丈許。配像四立，高與三像等。又天將四，分立左右。以上均泥塑，工細。又東西立小泥像各十八尊。壁上畫均係人物。大銅鐘一，上有木龍，"大明成化十一年十月吉日造"。大鼓一，上有木龍。大鐵磬一，"崇禎五年仲夏吉日造"。木案上殘木五供一分。東配殿三間，木額曰"葆真殿"，現為工程隊辦公室及工目住室。內供坐像一尊，高七八尺，又立像四，均泥塑。有新製木爐一。西配殿三間，木額曰"翊善殿"，現為工丁住室。內供泥佛一尊，高七八尺。泥童四。左右各有碑樓一。左為"御製大慈延福宮碑"，"大明成化十八年十月初六日"，額篆"御製延福宮碑"，陰無。右為"重修□□廟碑記"，額篆"御製"，"乾隆三十六年歲□□□□□"，滿漢兩體，陰無。東有碑一，"大慈延福宮重修紀成之碑"，額篆同目，年月不可辨，華亭徐階撰。碑陰人名，多脫落。其北有古槐一，砌墻內。東房三間。

第三殿北殿三間，木額"紫微殿"，現為工丁住室。內供紫微星泥塑一尊，泥童二。東配殿三間，木額"青虛殿"，內供泥佛一尊，泥童二。西配殿三間，木額"青華殿"，內供泥像一尊，泥童二。此二殿亦均為工丁住室。東殿前有碑一，額篆"聖旨"二字，陰額篆題"奉天誥命"，"正德十一年八月初三日，為封道士嚴大容為養素真人領道教事誥命"。西殿前有碑一，"重葺懸旛竿記"。"沔陽邵錫撰，嘉禾許紳書，西蜀陳鑨篆"，額篆同目，"嘉靖壬寅夏四月吉日立"，陰篆"萬古流芳"、人名。青虛殿前有井一，折而東有過道，兩旁房各一間，為工丁廚房。東跨院山門一，南向，內寶鼎一，"康熙四十一年孟冬吉日造"。前殿三間，木額"通明殿"，內正供道士泥像一尊，泥童四，木五供一分，左右各有小佛一。又泥像二，東西小泥佛二十尊。又上面小閣內有小像多尊。大銅鐘一，"成化十七年置"。大鼓一，槐一。東西配房各三間，無佛。殿東夾道東房五間，為第二三等班住室。西夾道內西房三間，均壘砌，黑暗不可辦。後殿五間，木額"延生寶殿"，其前有楸二株，內有泥塑女像一尊。又北池子風神廟移來佛像多尊，泥塑居多。山門內又東有跨院一，東房三間，為巡官室及內勤所。南北房各三間，為警士休息室。又南北小房各二間。又東南房三間，為廚房，佛像均移。此廟各殿樓閣上面均覆綠琉璃瓦，惜歲久失修。有大銅鐘甚大，已由晉方運賣。

注 延福宮位于內一區朝陽門大街166號。明成化十七年（1481年）建，明嘉靖四年（1525年）、清乾隆三十六年（1771年）兩次重修。坐北朝南，有鐘鼓樓、天王殿、大慈延福之殿（三官殿）、紫微殿以及作為東西配殿的葆真殿、翊善殿、青虛殿、青華殿。東院為通明殿、延生寶殿。調查記錄中記載"東鼓樓一，西鐘樓塌"，但平面圖上東邊卻是鐘樓，可能有誤。供奉四大天王，天、地、人三官和四天將、紫微星。

延福宮全部平面圖

原圖比例尺：1：400

原圖單位：米

原圖尺寸：縱31.1、橫31.3厘米

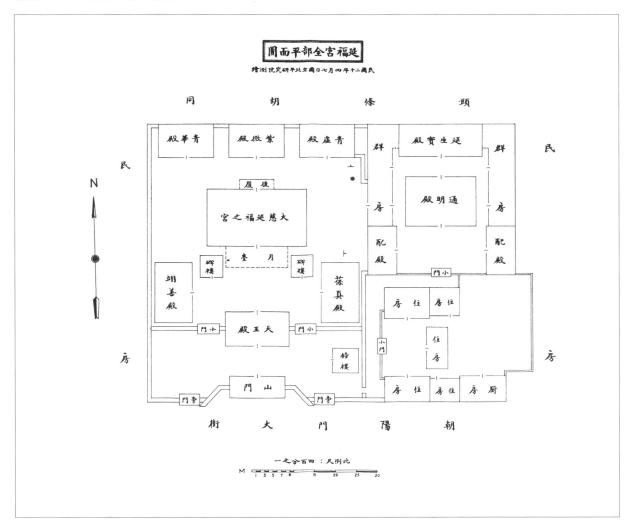

延福宮山門

延福宮天王殿

延福宫翊善殿及碑楼

延福宫碑楼1

延福宮碑樓2

延福宮碑樓3

延福宮大慈延福之殿

延福宮大慈延福之殿及東配殿

延福宮青虛殿

延福宮青華殿

延福宮通明殿

延福宮通明殿前寶鼎

延福宫通明殿之東配殿

延福宫通明殿之西配殿

延福宫配殿1

延福宫配殿2

延福宫殿堂

延福宮琉璃瓦頂化字爐　　　　　　　　　　　　　延福宮藻井

延福宮三官像1　　　　　延福宮三官像2　　　　　延福宮三官像3

延福宮銅鐘　　　　　　　　　　　　　　延福宮鼓

延福宮三官像旁立天將1　　　　　　　　　延福宮三官像旁立天將2

御製大慈延福宮碑
明成化十八年（1482年）刻
拓片縱289、橫123厘米

御製大慈延福宮碑額

御製大慈延福宮碑

朕聞有天地水三界之名即有天地水三死之□神
□□□□靖周八紘而亘萬古者何可殫紀邪粤□濟拯
摩□□□□□□□□□□□□□□□□□□□□
昔□□□□□□□□□□□□之主故祈報之典前後
舉行焉我　太祖高皇帝之肇造寰宇　太宗文皇
帝之輯寧邦家爰創爰紹於□□□偏常　帝曰官
上下神祇靡不祠祀無遺□□□□□□□□

列聖相承禮意彌篤傳
至于朕閱文少□□□□□□　聖母皇太后意若曰若嗣統迄今
十八□□□□□□□□□□　宗社尊安海宇謐謐民物康
□□□□□□□□□□□□　才亦有得才　天地水府神祇翊相
兩致宜□祠崇□□□□□□□□　慈訓一臨奉行惟謹即命官□□
□□□□□□□□□□□□□□□□□□□□□□□□□□帝之

御製大慈延福宮碑錄文1

□□□□六—幺　始於成化辛丑冬十月成於明年
十月其規制正殿一奉三方□□□□中以
春□□□□□□□□□□□□□□□□□□□□□□□
事諸神□其前為門如臺之制虛其中而以其左右
事龍虎之□□□□□□□□□□□□　輝煌像設之森
嚴供其之完美與凡樓鑰延賓庖庚之所靡不□
誠曰□□□□□□□□□　聖母崇奉之意也仍俾
羽流讚□教□上鷹　祖宗在天之靈祈　聖母齊
天之壽延庇眇躬福廕是常
□□□□□□卵濕化合
蠱蠕□□□□□□□□□　行之類與夫隨幽屇兩潤愛河者
不□□□□□□以
□□□□□□於國家者至廣至□□□□□
母通妙□□際　於皇三元三大帝
□□□贊化育之道宣小補武特揭頌曰
補通妙□□際□□被　中元教非暨四維
一切慈訖咸脱離□元觧死□□□
□□□□□誰右

御製大慈延福宮碑錄文2

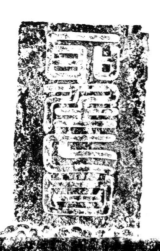

奉
天承運
皇帝制曰朕惟道教之設流傳已久蓋其清淨玄黙之功亦可以資國
家無為而治之化故其徒有造詣精深修明教法者朝廷亦因而
褒獎寵異之所以示勸於後爾也爾清微葆和崇道高士無大慈
延福宮住持嚴大容性質溫和潛心內典宗風有嗣玄教攸師爰
自出家至今卌載以護國庇民為念有祝釐祈福之勞特賜殊稱
用彰優眷今封爾為守靜凝神探微悟法崇道志虛安恬葆和養
素真人領道教事錫之誥命爾榮於戲玄元之道豈易名言
爾尚律乃身心恪遵儀範弘衍人利物之念竭忠君報國之誠茂
對昌辰永膺寵數欽哉
正德十一年八月初三日

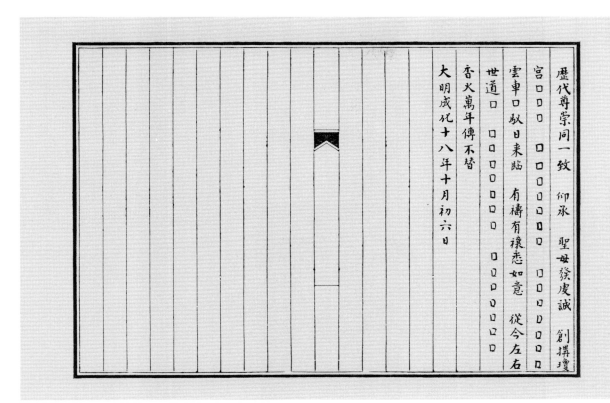

歷代尊崇同一致
御承 聖母發虔誠 創撰瓊
宮□□□ □□□□□
雲車□馭日來臨 有禱有禳恙如意 從今左右
世道□ □□□□□ □□□□□
香火萬年傳不替
大明成化十八年十月初六日

御製大慈延福宮碑錄文3

聖旨碑
奉 聖旨 額
奉天誥命 額
奉 天承運 皇帝制曰朕惟道教之設流傳已久
蓋其清淨玄默之功亦可以資國家無為而治之化
故焉徒有造詣精深修明教法者朝廷亦固而褒獎
寵異之所以示勸於後徠也爾清微孫心為典宗
黃大慈延福宮住持嚴大容性質溫和潛心內典
夙有嗣玄教攸師愛自出家至今卅載以護國庇民
為念有祝釐祈福之勞特賜殊稱用彰優眷今封爾
為守靜凝神探微悟法崇道志虛安恬葆和養素真
人領道教事錫之誥命以為爾榮於乎玄元之道宣
易名言爾尚聿乃身心恪遵儀範弘濟人利物之念
竭忠君報國之誠茂對昌辰永膺寵數欽哉
制誥
正德十一年八月初三日
之寶

封嚴真人制誥碑（陽）錄文

重葺懸旛竿記（陽）
明嘉靖二十一年（1542年）刻
拓片縱201、橫90厘米

重葺懸旛竿記
重葺懸旛竿記額
賜進士出身中憲大夫巡撫山東等處都察院左僉
都御史前户科都給事中沔陽邵錫撰　資善大夫
工部尚書掌太醫院事前禮部左侍郎嘉禾許紳書
奉　勅提督三千營兼十二團營諸軍事前奉　勅
鎮守薊州永平山海等處地方　特進榮禄大夫柱
國少保兼太子大傅遂安伯西蜀鏸篆
惟我　國家崇尚道教而冀福庇生民以安社稷其
美意何其至哉成化間　孝肅皇太后建慈琳宫曰
大慈延福於京師之東城以奉祀　三官大帝其殿
宇宏偉焕然雄峙于廣仁之衢東接朝陽西瞻禁闕人
咸景仰蓋亦有年其三門外甃之以石杠鑿之以通
渠植以青松緑槐聯翠於兩壁雨秀風嬌真蓬島之
境也左右豎以懸旛之竿巍凌雲漢每修　國醮則
繫旛于上縹緲飛揚旋虚摩空恍若落虹之耀日斷
綺之翻風也一望之際觸目警心斯亦以知其神之
格思於是而必焉逎歷歲久苦為霖雨摧朽先折其
左而繼之以右則不足以壯觀矣修舉者屢難其人
於是羽客李子永霧募諸衆善捐貲售材鳩工計造

重葺懸旛竿記（陽）録文1

後先成立以仍舊貫而衆信積善之功槩不可泯乃
屬予言以記其福果勒諸頑珉用垂悠遠云
嘉靖壬寅夏四月吉日立

重葺懸旛竿記（陽）録文2

重葺懸旛竿記（陰）

拓片縱192、橫89厘米

碑陰

萬古流芳額

信士口口顧口口　勲口口信女張口口　信女口

人蘇口口　錦衣信官蔡口口口　錦衣信官口

成口口　錦衣信官董繼祖　錦衣信官衣朱繼宗　錦

衣衛信官俞郢　鴻臚寺序班卞端　口口泰御官

王蓮　御馬監右監丞姚興　御用監右監丞邢通

内官監太監邢明　内官監太監張口　鏨順門信

官口用信官工部尚書許紳　口撫信官于口

信官齋口　内府口口廣口信官藍朝　内府

庫信官馮昇　錦衣衛信官王瓚　口口口信官

刘進　口口信官王口　信官指揮廉口口　武

備口口俞璋　武驤衛口口口口俞口　口口

信官郝理　口口信官杜瀾　信官黄遜　刘口

俞口口陳口口　蔣天爵　王尚實　蔣

天祿王紳　口義　王口川　邵誼　刘銳　宗

口口周瑾　高仲　施鐸　口錢　蔣宣　口

榮　王棟　張釗　吕松　王椿　王相　刘楝

口蕭口　蘇口口　葉口口　王口口　何堂口

葉達　郝進口　邢應　朱俊　沔陽　王口口

重葺懸旛竿記（陰）録文1

吕廣口　慶口口　吕鐘　口

世遠　口口備　李妤口　刘倫　口横

張口口　張祥　王尚實　刘斌

刘鎧　賈賢　邢忠　賈口口　孫鑄　康世鳳

燕永茂　蔣口祖　沈淇　刘準　釋氏　比丘　陳安

宗口　口口臣　口口穆　朱貞　朱時　樊永

吳文興　宣林　張杲　唐臣　王俊　王春　孫

道口　張棟　香頭華林　李口之　周祥　張

口口　張時口　張嘉善　汪戴口　樊口　馬

宗仁　刘應峯　陳世口　蔣口口　楊永口　林

喬口　張口口　顧泰口　孫聰　陳環　沈應奎

李琦　于鎮　王錦　王鎮　沈玉　咸欽　孫杲

口禄　吳榮　宋守　吳榮　董玉　周農　楊口

廣　張永江　張永發　楊永泰　張泰　卜沈東

芝　馮祥　沈文口　裴祥　江琪　龍鑑　楊芬

黄秀　王鐸　黄大綸　趙太　邵禄　華謹　槑

景清　李口口　孫口永　口永口　口口　振尚

鈸　顧錦　王瓚　倪遜　王欽　刘敬　蔣鈸

蔣銳　王九口　張李口　蔣銘　口忠　口貴

重葺懸旛竿記（陰）録文2

重葺懸旛竿記（陰）録文3

重葺懸旛竿記（陰）録文4

周泰 湯英 錢林 王鐸 劉然 萬浩 姜成

沈鎮 王茂 楊洪 沈鎰 陳爍 張口口 趙

連趙禄 段翊 高贊 高資 靳霖 王受 晃

璋 冀口口 郝璋 侯口口 解口口 蘇秀

李口口 雷堂 焦鷟 焦敖 龐安 義口口

劉禄 魏珊 魏瑚 魏琦 魏珍 劉世安 韓

吳氏 左氏 胡氏 張氏 劉氏 左氏 劉門

刘氏 王門張氏 王門姚氏 宋門胡氏 門氏

邢門司氏 張門李氏 侯氏禄頁 段氏惠貞 蘇

門趙氏 左氏 王氏 左氏 劉 曹氏 陳氏

劉氏 高氏 孫氏善玉 閆門姚氏 張

門蔡氏 萬門王氏 翟門司氏 口口氏 侯

氏口氏 段氏惠聰 蘇門趙氏 蔣門師氏 馬

門師氏 王門晉安 龔門安氏

首録司左至靈魚永壽宮住持沈元緬住持馮永中

梁景清 李永露 都管王熙鐸 贊教吳保仁

羽士曹道進 黃藥崖 劉世貫 岳從

敏 吳行章 張元經 吳永晟 李熙鏜 張永義 口口

義 劉景琮 梁常垂 陳常泉 梁常華 陳常

敏 御用監太監張佑 馬常鑰

重葺懸旛竿記（陰）録文5

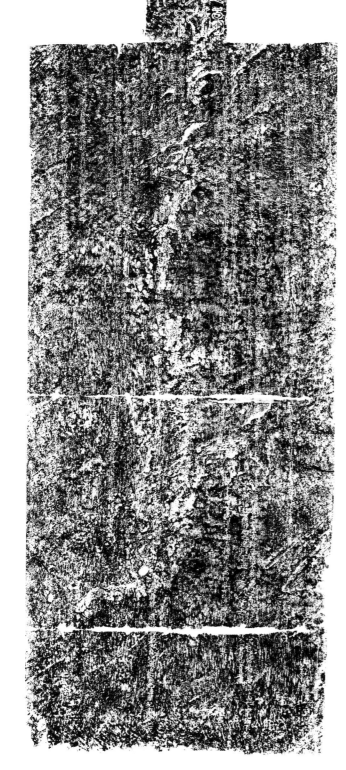

大慈延福宮重修紀成之碑（陽）

明嘉靖二十八年（1549年）刻

拓片縱250、橫89厘米

大慈延福宮重修紀成之碑
大慈延福宮重修紀成之碑額
賜進士及第資善大夫禮部尚書兼翰林院口口經
筵講官 會典副總裁业尚徐階撰 大慈延福宮
者 憲祖純皇帝之所建而 國家歲時祈禳報謝
之所其所祀曰三元三大帝蓋天地口口口福赦罪
解口之神也嘉靖己酉宮之建至是六十七甲子矣
口口口口口口口口口口口口口口口口口
其人丁亻文以口口口口口口口口口口口
口口口 上賜金與所度道士椿價口而新之始於

二月十日至七月訖工請階紀成事階備口口口口
春祈奉 命禱祀於宮竊仰歎 憲祖慮民之深我
皇上為民之懇而口國口之祈萬萬年無疆也蓋古昔
帝王將納民於善既委曲以教之矣又從而賞罰勸
懲之更徵諸鬼神以言之故其言曰天道福善禍淫
曰積善之家必有餘慶積不善之家必有餘殃便民
之心凜然常若鬼神臨乎其上不獨不敢為惡而亦
不敢口奸口口以為苟免刑罰之圖夫然後王教成
於天下今夫人之生莫不戴天履地而其日用飲食
莫不資於水苟知口地水皆有神存焉而且口賜福

大慈延福宮重修紀成之碑（陽）録文1

赦罪解厄之途則其口善去惡以從王之教將有不
容自已者是故 口口之慮民至深矣我 皇上口
口極以來留情民食口春則必祈祈則宮有祀秋則
必報報則宮又有祀精誠感格 明神顧綏以觀乎
大雨暘調寒暑時以觀地土一合口紀奠以觀乎水
川不口澤不涸年穀用登萬物率育薄海內外合口
口遊而 皇上深軫民艱猶惕然者如傷之視今年
春 宣諭禮臣恪舉祈典既又以不雨豫憂夏旱申
諭致禱 綸音數口咸出 御墨而口困得奉口口
口是故 皇上之為民至懇矣 明興至於今 百八

十餘年凡教民之具自口口口 太祖口口口既口
然大備然口化理口 憲祖而口口口我口口口口
口 皇上而始漸霑淪彼窮極幽遠此其口弋口口
口口口 憲祖口口之口有口口口然息口之仌而
口口口口 皇上為民之口口以木其恒口而取其
從善之心是故辶口口水口口口口口口口口
廣讓之俗家口口大之咸歌頌之聲口口口巷口口
口口口夷景口而 國家無口口口口口口口口
口口口口口時睹盛治為幸又口口前史官也謹因
紀重修之成備著之于石而系以詩若夫宮之規制

大慈延福宮重修紀成之碑（陽）録文2

大慈延福宮重修紀成之碑（陰）

拓片縱139、橫84厘米

則 憲祖御製碑已具不復贅詩曰 大慈延福城
之東天地□府神祢宮 憲皇始□規制惟達金璆
玉□電虹祈禳報謝 國典崇萬方兆姓祇事后□
□□□瞻□通為子必孝臣必忠於皇戒 皇
德至隆□□鈙明舜溫恭春秋修祀宮之中□□俎
豆潔□豐 親御翰墨詔秋宗□□奎□馳咬龍□
明□金□來虛空泰徐□□歲熟綏三農民生既富教易
從進通穆穆□時□□□ 二聖同淵袞潛敷黙運
如化工事神造獨蒙神功陰翊 聖治虛 皇風
皇風 聖治炳昭融 璇鳳寶曆重無窮兹宮再新
靈眡鍾臣民快覩呼 蒼穹顧 皇萬壽居九重輯
寰方夏懷惠戈禮臣作詩情莫終戴歌天保祝萬姓
□□三元□□□武英殿
□□□□□□□□□
□□□□□□□□□

大慈延福宮重修紀成之碑（陽）録文3

重□□心□□□宮碑陰題名
□□□□縱□京□□□ □□□□□紫府
門□保國弘烈□□□山 □□通二中心少水山
真金掌□教事綏各宮□□□ 知道□□□
□□□□特進光禄大夫桂國少師少傅薫少保乳
部尚書□誠伯陶□支□□清徽演□ □提調□□
士□□□宮桂木陳□□□其□□木介之高
和高士薫在□各宮觀嗣住持陶中輔□□□神□□□
□□□□□□□□□□ □□□道錄司□正命
書□□□福宮住持羅古炁 道錄司左演法□書
張一原 道錄司左□羲命書□□宮去□□
□□□□□□西浦□□ 本楚□□□宮
王□□ □□□ 木楚□□ 李子□
□□□ □永德 □□□ 王□龍 于□亮
裹 □□
□道進

大慈延福宮重修紀成之碑（陰）録文

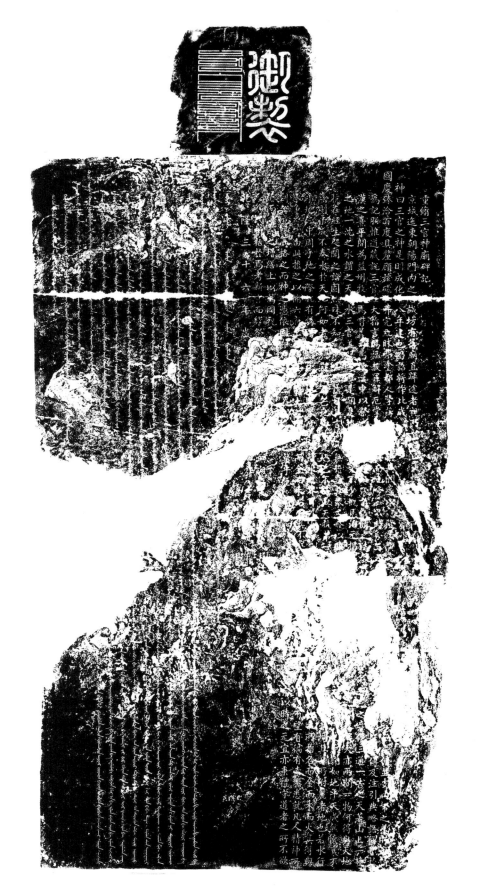

重修三官神廟碑記
清乾隆三十六年（1771年）刻
拓片縱261、橫124厘米

重修三官神廟記

京城迤東朝陽門內之思誠坊有舊廟直躧途者視
所□□□□□□□□□□
神曰三官之神是明成化十八年建也乃詔將作比
□□□□□□□□□□□
國慶臻洽百度具舉顧茲礙歌弗完黝昧弗塗
都人挈鄰□□□□其闕□以□隆□寅□□備亟支內帑之
歲
□所司請為記朕惟道藏說三官經大指言賜福救
罷解厄寧□□□而地□□□三司□

□□□□□傳及注引
典略語稱魯於漢之熹平間為益州牧劉焉督義司
馬□漢中以祭□增□張角張脩之法教民
□□□□□□□之意□三通一告之天
著山上一鐘之地一沈之水謂之天地水三官蓋緣
□□是嗣是□□文不少概見泊元揭
地抗在經生恐開之論固然殊不知□□□□□曰
□□□□□□夫亦兩間一物何得與天
其言□□無稽□其□三界以昭□□□□□
□□□□□□孰如地平天成然壞裹不淪

重修三官神廟碑記錄文1

則平成不奏水於天地何如者□□□□□□□包地□
□地□不得興天抗第一□□□
□□其境其曰所附麗者地也若水行乎地
□中周乎地之際脫有物□□□□乎地之界當
□皆水之界耳外□□□□
由此推之以脩六府□□□□
□而金而木而□其不□□□□□□□
□□□□有望有編有索饗志就凡人精神所到
之境□□□格之而神之憑依固即在□□三界

□□縈乎隱□
以時之宜亦東禮守道者之所不欲□而□廟之
增繕上以為國祝
以為民祈祐於焉考新宮而繹祭
□□燕□□□
乾隆三十六年歲□□

重修三官神廟碑記錄文2

清泰寺

【調查記録】

清泰寺，大雅寶胡同十三號。

山門南向，石額"清泰寺"。現駐內一區樂隊。前院有小柏一，小槐二。第一層北房三間，為宿舍及接待室。第二層北房三間為講堂，其前有小洋槐五株。左碑一，目為"重修古剎清泰寺碑"，額篆"重修清泰寺碑"，"四明余本篆，古晋汝思閣睿書，董鼇篆。大明正德庚辰上元日立。工部皮件局副使顧聰鐫"。陰額篆"萬古流芳"，人名。右碑一，"敕賜清泰寺碑"，額篆同上，"包澤撰，惟遠周致書，時舉周凱篆。大明正德十五年六月望日立"。陰額篆"碑陰"，人名。第三層北房三間空。其前左碑一，"重修清泰寺碑記"，額篆"重修清泰寺記"，"大明嘉靖歲次癸未季春吉日立"。陰額無，下列人名，癸酉七月吉日立。廟內佛像已移至呂公堂。又有大圓鐵爐一，工細，無年月。西小院及後院均係空場。

注 清泰寺位于內一區大雅寶胡同13號。明正德十五年（1520年）修建，嘉靖二年（1523年）、萬曆二十年（1592年）兩次重修。坐北朝南，寺內建築有过聽、前殿、後殿。

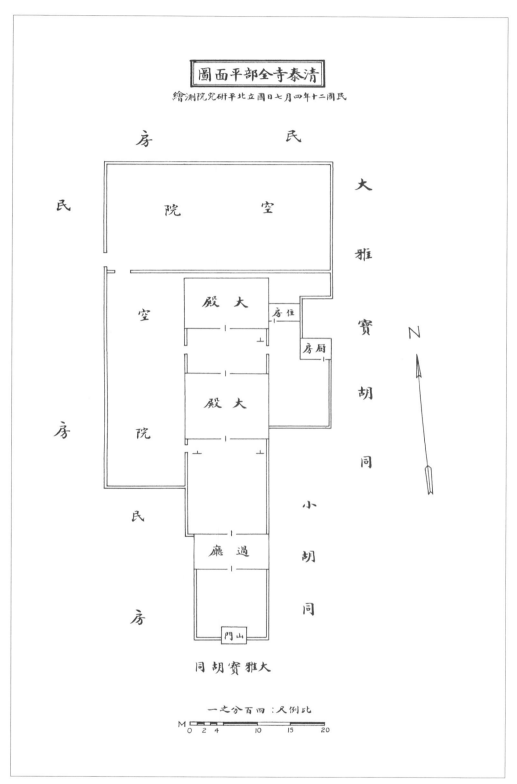

清泰寺全部平面圖

原圖比例尺：1：400

原圖單位：米

原圖尺寸：縱29.5、橫18.7厘米

清泰寺山門

清泰寺後殿

清泰寺前殿

清泰寺過廳

清泰寺鐵爐

重修古剎清泰寺碑（陽）

明正德十五年（1520年）刻

拓片縱182、橫81厘米

重修古刹清泰寺碑（陰）

拓片縱178、橫83厘米

敕賜清泰寺碑（陽）
明正德十五年（1520年）刻
拓片縱186、橫82厘米

敕賜清泰寺碑（陰）

拓片縱135、橫84厘米

重修清泰寺碑記（陽）

明嘉靖二年（1523年）

拓片縱191、橫85厘米

重修清泰寺碑記（陰）
拓片縱154、横85厘米

太清宮

【調查記錄】

無

地址：內一區泡子河永安宮南

注　太清宮位于內一區泡子河永
　　安宮南。始建于明代，明萬
　　曆年間（1573～1620年）重
　　修，塑觀音和福、祿、壽三
　　星聖像，置廟中，供人參
　　拜，并改名為太清宮。

泡子河開創太清宮碑（陽）

明萬曆四十一年（1613年）立石

明崇禎四年（1631年）刻

拓片縱176、橫68厘米

泡子河開創太清宮碑（陽）録文1

泡子河開創太清宮碑（陽）録文2

開創太清宮碑額

泡子河開創太清宮碑

賜同進士出身中順大夫太僕寺少卿前掌河南道事山東道監察御史義興蔣之儀書丹　賜進士及第南京國子監司業前翰林院　國史編修記注起居編纂章奏江寧顧起元撰文　少傅兼太子太傅錦衣衛掌衛事左軍都督府左都督寧遠駱思恭篆額

京師之巽隅惟水瀦焉是曰泡子河卯元人所開通惠河也河東涯地珠夷壇蒲柳菀然沙鷗水燕翔泳以嬉纖鱗瀺灂潏藻荇間過之者若滁茳氣而游滇滓矣舊有天僊祠一區僅蔽風雨為鴻臚丞梁君所秩萬曆二十有一年鍊師劉君靜祝結靖於此睹其庫盜謀拓而大之鍊師葆德栖真崇虛砂有系緣光祿枕中秘鴻寶之書游頗彭城梨下寿犬吠之跡斯固足以寅通玄佑攝摩心矣而又東慶恭以焚誦弘誓顧以經營金壇呪笫結雲篆于晨谷玉札琳瑯朗天文柠藍類于是高其道者或捐賫以助其摶建或賫地以盛其區宇檽檼棼之具湊若神輸丹堊金碧之材笒如雲集錦衣陳君大綱寺實為之斜率而勸導焉自是通明有殿　上帝之靈安笑翼

以兩廡南極東華之位列焉前殿以享四聖後閣以祀斗母而碧霞元君之坐焉并列曜寅奉之初朔以名天仙者也已兩道行彰聞徹於　天聽　皇上特出帑金俾塑福祿壽三星聖像又建鍊堂若干楹為祝釐薦眾之所且繢以兩舍以山門更其額曰太清宮于是瑤揃炭焕翬飛鳥革之章碧瓦參差啟日麗星輝之象雲駐蓬萊之五色引摹仙霞標海嶠之十層上通真宰居斯室者可以頫超塵網可以大闡玄風可以祝延　聖壽于萬年可以祈護蒼生於四海自是兩地靈壇勝水脈轉清淪漣如縠凝衍沠于穀永皎鏡無塵似流津於折末撥廠所自鍊師之功不其偉歟夫以一團焦而室興百堵以一羽客而名動萬乘自非忘身為道之念誠格人天福國佑民之心黙通肸蠁昌克臻此且也鍊師又緣潛然周師之請荷　上賜金藏舉放燈施食之典用以甄濟幽魂淪升滯魄精誠所假水族蕃育道力弘多斯為驗美豈徒胼胝盡瘁區畫多方能懿此之為烈哉摶剏既成鍊師謂事不可亡紀也屬道侶茅山李自如來請余為之記余既嘉鍊師經始斯宇深有功于玄教若我　聖天子捐賫助道以来景貺惠幽明又斯宇

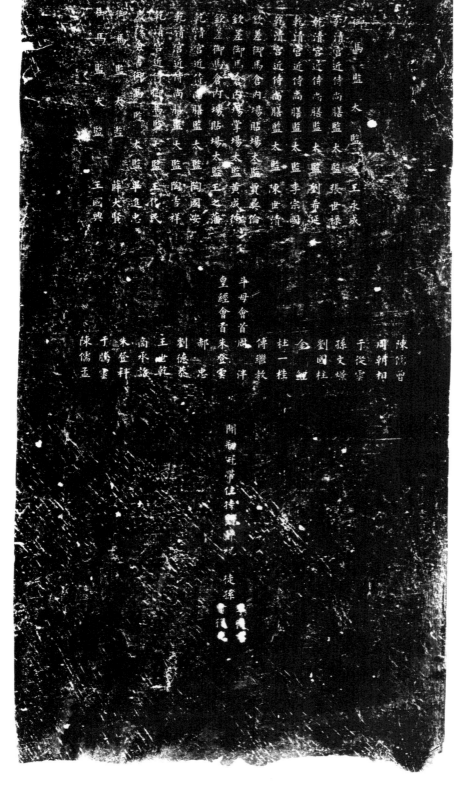

泡子河開創太清宮碑（陰）
拓片縱128、橫67厘米

之所藉以亘天壤而無極者也羨披葉筬之文載修
蕭臺之頌云爾　蠖蠖霞宮肇茲水裔乍滌珠淵俄
敞瓊砌雲扉廣蹋霜瓦高揭風雨所交銀乍之氣星飾
霄迎寬宸夜遡縹緲迎儦呼喻通帝玉局散人金門
羽士傑構大啟皇仁普被執爾宮功賚予帑幣供者
廡集後者鱗次不日而成以歲而　爾績既辰爾力
孔禳焚燎禱祀神其舍諸匪道之所寄㸃日士木徒修
壯麗酒彼甘泉荒茷雅時欺否歟日是我煇
祈禳焚燎禱祀神其舍諸匪道之真虛無一炁禁架
厥心御谷　天賜惟國以福惟氏以芘蒿呼者三重
效者四河水瀧瀧薆㸵淠淠流芳鍾美贖祉表異我
有三寶疇為五利閟彼含生植奎以示式牕香㝠羨
蘭淄肆有待而興不期而全兄弐斯言陶冶所品翠
琰不刋玄珉永貢誰其㵼之五雲閣吏
萬曆癸丑季春日立石　辛未初夏海上徐大全代
書

泡子河開創太清宮碑（陽）録文3

碑陰
御馬監太監王永成　乾清宮近侍尚膳太監張
世　乾清宮近侍尚膳太監劉希延　乾清宮近
侍尚膳監太監李宗國　乾清宮近侍尚膳太監
陳世清　欽差御馬倉内場貼場太監賈藝倫　欽
差御馬倉内場掌場太監黃成德　乾清宮近侍尚膳太監陶
場貼場太監王之藩　乾清宮近侍尚膳監太監陶吉祥　乾清宮
國安　乾清宮近侍尚膳監太監陶　慶陵僉書御馬監太監
近侍御馬監太監王化氏　御馬監太監
畢進忠　御馬監太監薛大賢　御馬監太監王國
興斗母會首　皇經會首周沣　朱登雲　陳
儒魯　周朝相　于從雲　孫文爃　劉國柱　金
鯉　杜一桂　傅繼教　郭忠　劉德恭　王世乾
商承詔　朱登科　于騰雲　陳儒孟　開朔冠帶
住持劉靜祝　徒孫李復書　于復化

泡子河開創太清宮碑（陰）録文

關帝廟

【調查記録】

無

地址：内一區大甜水井南夾道八號

 關帝廟位于内一區大甜水井南夾道8號。始建年代不詳。坐東朝西，一座殿。供奉關帝。

關帝廟